lernen & üben
KOREANISCH

Der direkte Weg zur Sprache

von
Hye-Sook Park

Ernst Klett Sprachen GmbH
Barcelona · Belgrad · Budapest · Ljubljana · London · Posen · Prag · Sofia
Stuttgart · Zagreb

PONS
lernen & üben
KOREANISCH

Der direkte Weg zur Sprache

von
Hye-Sook Park

Auflage A1 5 4 3 2 / 2010 2009 2008 2007

© Ernst Klett Sprachen GmbH, Rotebühlstraße 77, 70178 Stuttgart, 2006
Internet: www.pons.de
E-Mail: info@pons.de
Alle Rechte vorbehalten.

Redaktion: Tilmann Eberhardt
Logoentwurf: Erwin Poell, Heidelberg
Logoüberarbeitung: Sabine Redlin, Ludwigsburg
Einbandgestaltung: Schmidt & Dupont
Titelfoto: Vlado Golub, Stuttgart
Aufnahme, Tonregie und Mastering: Ton in Ton Medienhaus, Stuttgart
Sprecher: Bong Suk Choi, Hye Jin Ryu
Layout: Silke Wewoda
Satz: Satzkasten - Dollenbacher & Müller, Stuttgart
Druck: Legoprint
Printed in Italy.
ISBN: 978-3-12-560743-9

Willkommen ...

auf dem direkten Weg zur Sprache. Sie lernen gerade Koreanisch und wollen Ihre Grundkenntnisse zusätzlich verbessern, indem Sie einzelne Punkte gezielt nachschlagen und üben?
Dann sind Sie bei PONS lernen & üben Koreanisch genau richtig.

Aufbau des Buchs

Eine Einführung in die Sprache gibt Ihnen zunächst interessante Hintergrundinformationen zum Koreanischen und Tipps, wie Sie diese Sprache einfacher lernen können.

Der Bereich Alphabet und Aussprache (A) macht Sie mit der Schrift und dem Lautsystem vertraut.
Der Bereich Wortschatz (W) vermittelt Ihnen thematisch gegliedert das grundlegende Vokabular der Sprache.
Der Bereich Grammatik (G) behandelt die für Anfänger und Wiedereinsteiger wichtigen Aspekte der Grammatik.
Der Bereich Kommunikation (K) wiederholt in Teilen das Vokabular aus dem Wortschatz und präsentiert praktische Bausteine für die Verständigung im Alltag.

In den Bereichen A bis K bildet jeweils eine Doppelseite eine didaktische Einheit: auf der linken Seite wird ein Thema oder ein grammatikalisches Phänomen eingängig erklärt und auf der rechten Seite in vielfältigen Übungen trainiert. Ihre Lösungen können Sie anhand des Lösungsschlüssels im Anhang kontrollieren.
Verweise zwischen den Bereichen A bis K zeigen Anknüpfungspunkte im Buch auf und ermöglichen Ihnen ein schnelles Springen zwischen verwandten Themen.
Die Tabellen bieten Ihnen einen Überblick über die verschiedenen Konjugationsformen der wichtigsten Verbstämme.
Im Mini-Wörterbuch Koreanisch – Deutsch finden Sie noch einmal den wichtigsten Wortschatz des Buchs mit der Übersetzung.

Ihr Lernprozess wird durch die Audio-CD unterstützt. Viele Hörübungen aus dem Bereich Alphabet und Aussprache sowie die Minidialoge aus dem Bereich Kommunikation trainieren Ihr Ohr für die Sprache.

Symbole

 Zu dieser Erklärung oder Übung finden Sie eine Aufnahme auf der CD.
Die Zahl gibt die Tracknummer auf der CD an.

 Hier werden Sie z.B. auf den Bereich Wortschatz Kapitel 3 bis 6 und auf die Grammatik Kapitel 8 verwiesen.

| Im Koreanischen ... | In den Infoboxen finden Sie Zusatzinformationen wie z.B. Ausnahmen, aber auch Lerntipps oder Landeskundliches.

Viel Spaß und Erfolg beim Lernen und Üben!

Inhalt

Einführung in die Sprache 6
Einführung in die koreanische Sprache 6

Alphabet und Aussprache / Hangeul 12
A1	Grundvokale / Grundkonsonanten	12
A2	Grundkombinationen von Vokalen und Konsonanten	14
A3	Doppelkonsonanten / Zusammengesetzte Vokale	16
A4	Auslautkonsonanten	18
A5	Zusammengesetzte Auslautkonsonanten	20

Wortschatz 22
W1	Persönliche Angaben	22
W2	Berufe / Arbeitsorte	24
W3	Länder / Nationalitäten / Sprachen	26
W4	Familie	28
W5	Freizeit / Hobbys	30
W6	Zeitangaben	32
W7	In der Stadt	34
W8	Restaurant / Speisen und Getränke	36
W9	Lebensmittel / Mengenangaben	38
W10	Kleidung / Farben	40
W11	Wohnen	42
W12	Verkehr	44
W13	Körper / Hygiene / Gesundheit	46
W14	Verbenmix	48

Grammatik 50
G1	Partikel: Nominativ / Akkusativ	50
G2	Partikel: Themapartikel / Partikel für „und"	52
G3	Partikel: „auch" / „nur"	54
G4	Partikel: Genetiv / Dativ	56
G5	Partikel: Ortsangabe / Zeitangabe	58
G6	Komparativ / Superlativ	60
G7	Verben: Infinitiv / Formelle Höflichkeit	62
G8	Verben: formell höfliche Frage	64
G9	Verben: Futur der formellen Höflichkeit	66
G10	Verben: Verneinung	68

G11	Verben: Konverbalform / Informelle Höflichkeit (ifH)	70
G12	Verben Konverbalform (2) / Informelle Höflichkeit	72
G13	Verben: Informelle Höflichkeit 2. Person mit (으)세요	74
G14	Verben: Imperativ	76
G15	Verben: Vergangenheit	78
G16	Verben: Die Hilfsverben 주다 und 보다	80
G17	Verben: können / nicht können	82
G18	Verben: wollen	84
G19	Verben: müssen / dürfen	86
G20	Verben: Sollen wir …? / Lasst uns	88
G21	Verben: Partizip Präsens	90
G22	Satzverknüpfung: und / aber	92
G23	Satzverknüpfung: weil …, da … / wenn	94
G24	Sinokoreanische Zahlen / Zahlwörter 1	96
G25	Koreanische Zahlen / Zahlwörter 2	98

Kommunikation   100

K1	Sich begrüßen / Nach dem Befinden fragen / Sich verabschieden	100
K2	Sich / jemanden vorstellen	102
K3	Alter / Beruf / Adresse angeben	104
K4	Nationalität / Herkunft / Wohnort angeben	106
K5	Über die Familie sprechen	108
K6	Sich entschuldigen / Um etwas bitten / Sich bedanken	110
K7	Sprachkenntnisse angeben / Missverständnisse klären	112
K8	Über Gewohnheiten / Vorlieben / Abneigungen sprechen	114
K9	Am Telefon	116
K10	Sich verabreden / Vorschläge machen, annehmen, ablehnen	118
K11	Nach dem Weg fragen	120
K12	Im Restaurant	122
K13	Einkaufen / Dinge vergleichen	124
K14	Im Hotel	126
K15	Reisen	128

Tabellen: Verben   130

Lösungen   140

Miniwörterbuch Koreanisch – Deutsch   149

Einführung in die Sprache

Die koreanische Sprache

Koreanisch wird von mehr als 70 Millionen Menschen gesprochen und ist somit nach ihrer Verbreitung die 13. größte Sprache. Die koreanische Schrift 한글 Hangeul gilt als eine der wissenschaftlichsten und systematischsten Sprachen der Welt. Von der UNESCO wurde sie zum Weltkulturerbe ernannt. In Südkorea feiert man sie am 9. Oktober mit dem Gedenktag Hangeul Nal.

Die Entstehung des koreanischen Alphabets

Im Jahr 1443 haben König Sejong und seine Beamten eine Schrift für die koreanischen Konsonanten und Vokale 한글 Hangeul erfunden und drei Jahre später im Buch 훈민정음 *Hunminjeongeum* (sinngemäß: „Die richtigen Laute zum Lehren des Volks") offiziell verkündet.

Zu dieser Zeit entlehnte die koreanische Sprache eine große Zahl chinesischer Wörter und Laute. König Sejong erkannte, dass eine einheitliche koreanische Schrift notwendig war, die auch das Volk erlernen konnte, denn die meisten Koreaner konnten weder schreiben noch lesen. So hat er eine einfach anwendbare Schrift erfunden. Hangeul ist so aufgebaut, dass man damit alle möglichen Lautmalereien und Klänge wiedergeben und aufzeichnen kann.

Das Ziel König Sejongs war es, dem Volk die Möglichkeit zu geben, seine Meinung sprachlich und schriftlich auszudrücken. Gleichzeitig gelang es ihm durch die Alphabetisierung seine Reformen in den Bereichen Landwirtschaft und Ackerbau anzukündigen und politische Maßnahmen leichter umzusetzen.

Ursprung der Schrift

Ursprünglich wurden 17 Konsonanten und 11 Vokale geschaffen, von denen heute 14 Konsonanten und 10 Vokale verwendet werden. Die Form der Grundkonsonanten beruht auf der Formung des Mundes und der Zunge bei der Artikulation. Aus den Grundkonsonanten wurden durch Hinzufügen eines waagerechten oder senkrechten Strichs weitere Konsonanten gebildet.

Die 5 Grundkonsonanten: ㄱ, ㄴ, ㅅ, ㅁ, ㅇ wurden mit einem waagerechten oder senkrechten Strich erweitert und so wurden 14 Grundkonsonanten gebildet:

ㄱ, ㄴ, ㄷ, ㄹ, ㅁ, ㅂ, ㅅ, ㅇ, ㅈ, ㅊ, ㅋ, ㅌ, ㅍ, ㅎ

Aus den Grundkonsonanten können Doppelkonsonanten oder zusammengesetzte Konsonanten gebildet werden.

Die 5 Doppelkonsonanten sind: ㄲ, ㄸ, ㅃ, ㅆ, ㅉ

Die 12 zusammengesetzten Konsonanten sind:

ㄱㅅ, ㄴㅊ, ㄴㅎ, ㄹㄱ, ㄹㅁ, ㄹㅂ, ㄹㅅ, ㄹㅊ, ㅊㅌ, ㄹㅍ, ㄹㅎ, ㅂㅅ

Die Grundvokale wurden nach der Philosophie des „Himmels • , der Erde ― und des Menschen ㅣ" geschaffen. Unter den 3 Grundvokalen ist der Vokal „ • " verloren gegangen und nicht mehr im Gebrauch. Auf den Grundvokalen aufbauend wurden durch Hinzufügen eines waagerechten oder senkrechten Strichs weitere Grundvokale gebildet.

Die 10 Grundvokale sind: ㅏ, ㅑ, ㅓ, ㅕ, ㅗ, ㅛ, ㅜ, ㅠ, ㅡ, ㅣ

Aus den Grundvokalen können zusammengesetzte Vokale gebildet werden:

Die 11 zusammengesetzten Vokale sind: ㅐ, ㅒ, ㅔ, ㅖ, ㅘ, ㅙ, ㅚ, ㅝ, ㅞ, ㅟ, ㅢ

Prinzipien des Silbenbaus

Eine koreanische Silbe kombiniert mindestens einen Konsonanten (K) mit einem Vokal (V). Die Silben werden in gleich große imaginäre Quadrate geschrieben. Man schreibt von links nach rechts und von oben nach unten.

Eine Silbe wird wie folgt gebildet:

1. **V** 아, 야, 어, 여, 오, 요, 우, 유, 으, 이 …
   Mit einem Vokal allein kann man keine Silbe bauen. Statt eines Konsonanten wird ein „ㅇ", das nicht gesprochen wird, als Platzhalter verwendet.
   Bei einem vertikalen Vokalstrich (ㅏ, ㅑ, ㅓ, ㅕ, ㅣ) steht „ㅇ" bzw. ein anderer Konsonant links vom Vokal und bei einem horizontalen Vokalstrich (ㅗ, ㅛ, ㅜ, ㅠ, ㅡ) steht „ㅇ" bzw. ein anderer Konsonant über dem Vokal.

2. **K V** 가, 냐, 더, 려, 모, 뵤, 수, 쥬, 크, 히 …
   Mit einem Konsonanten allein kann man keine Silbe bilden. Man braucht unbedingt einen Vokal.

3. **K V** 간, 넉, 몽, 불, 틈 …
   K
   In diesem Fall nennt man den letzten Konsonanten Auslautkonsonant 받침 *Batchim*.

Eine einzige Silbe kann aus bis zu 5 verschiedenen Buchstaben dargestellt werden.
Hier sind die 5 Kombinationsmöglichkeiten.

아, 어, 우, 으, 이 …   (ㅇ Platzhalter V)
구, 다, 스, 츄, 흐 …   (KV)
강, 남, 롱, 툴, 한 …   (KVK)
꿀, 떡, 뿔, 썸, 짱 …   (Doppelkonsonanten oben)
굶, 덟, 많, 앉, 짧 …   (zusammengesetzte Konsonanten unten)

Satzbau und Eigenschaften des Koreanischen

Die koreanische Sprache gehört zu den ural-altaischen Sprachen und ist eine agglutinierende Sprache, d.h. grammatikalische Funktionen wie z.B. Zeit und Kasus werden durch Affixe an den Wortstamm angehängt.

Besondere Eigenschaften des Koreanischen sind:

1. Die Satzfolge im Koreanischen ist „Subjekt – Objekt – Verb"
   - Sowohl Subjekt als auch Objekt können am Satzanfang stehen, das Verb muss jedoch am Satzende stehen.
   - Die Satzstellung des Fragesatzes entspricht der des Aussagesatzes, d.h. das Verb steht am Satzende.
   - Durch Anfügen selbständiger Affixe (Suffix und Infix) an das Verb und das Nomen (Postpositionen) werden die jeweiligen Formen (z.B. Kasus, Tempus usw.) gebildet.
   - Adjektive und modifizierende Verben (Partizip Präsens, Partizip Futur, Partizip Perfekt) stehen vor dem näher bestimmten Nomen.

2. Das Honorativsystem des Koreanischen, das heißt die Abstufungen des Höflichkeitsgrades in Anrede und Sprache, ist sehr systematisch und komplex.
   Man unterscheidet zwischen den folgenden vier verschiedenen Höflichkeitsformen. Zwei formellen Höflichkeitsformen bei denen an den Verbstamm -십니다 bzw. -습니다 angehängt wird, und zwei informellen Höflichkeitsformen, die auf -세요 bzw. -요 enden. Die verschiedenen Höflichkeitsstufen orientieren sich am Alter, der beruflichen Position und der Art der Beziehung. So verwenden z.B. Freunde untereinander eine niedrigere Sprechstufe als Kollegen. Um zu wissen, in welcher Form der Gesprächspartner angesprochen werden muss, möchten Koreaner dessen Alter, Titel und gesellschaftliche Stellung wissen. Eine der beiden formellen Höflichkeitsformen, diejenige die auf -십니다 endet, wird selten benutzt. Deshalb wird sie in diesem Buch nicht vorgestellt.

3. Im Koreanischen kann das Subjekt manchmal wegfallen, wenn aus dem Kontext erkennbar wird, um wen es sich handelt.
   z.B. 선생님은 어디에 가세요? Wohin gehen Sie, Herr Lehrer?
   (wörtl.: Der Lehrer wohin gehen?)
   = 어디에 가세요? Wohin gehen Sie?
   (wörtl.: Wohin gehen?)

4. Das Verb ist das wichtigste Element im Koreanischen. Es gibt zwei verschiedene Verbarten:
   - Verben, die Tätigkeiten oder einen Vorgang beschreiben:
     z.B. 가다 gehen, 보다 sehen, 먹다 essen ...
   - und Eigenschaftsverben, die einen Zustand oder eine Qualität beschreiben:
     z.B. 싸다 billig sein, 예쁘다 hübsch sein, 춥다 kalt sein ...

5. Im Koreanischen gibt es keinen Genus, keine Artikel und keine Relativsätze.

Romanisierung / Transkription

Heute werden verschiedene Romanisierungen d.h. Umschriften des Koreanischen verwendet. Die am meisten verwendete Romanisierung ist die sog. McCune-Reischauer-Romanisierung, die in den 1930er Jahren entwickelt wurde. Eine andere Umschrift, die oft verwendet wird, ist die Yale-Romanisierung.

Im Jahr 2000 wurde die sogenannte „offizielle Romanisierung" vom koreanischen Bildungsministerium eingeführt. Nach diesem Transkriptionssystem wurden Bücher, Ortsnamen, Schilder usw. geändert. Die neuen Regelungen sind aber noch nicht in allen Bereichen umgesetzt.
Bislang gibt es keine passende Romanisierung, die der deutschen Aussprache entspricht.
Das folgende Beispiel zeigt die verschiedenen Möglichkeiten der Transkription auf.

훈민정음

Hunminjeongeum (2000, offizielle Romanisierung)
Hunminjŏngŭm (McCune-Reischauer)
Hunmincengum (Yale Romanisierung)
Hunminjŏŋŭm
Hunminchŏngŭm ...

In diesem Buch wird die offizielle Romanisierung Südkoreas verwendet und alle koreanischen Wörter und Sätze sind entsprechend transkribiert.

Tipps zum Erlernen des Koreanischen und zum Gebrauch dieses Buches

Ein Muttersprachler

Wenn Sie keine Grundkenntnisse des Koreanischen haben, wäre es sehr wünschenswert, wenn Sie einen Muttersprachler suchen, der Ihnen speziell dabei hilft, die Aussprache zu erlernen. Die Umschrift des Koreanischen alleine ist dazu nicht wirklich geeignet. Oft werden Vokale, die in der Umschrift ausgeschrieben werden, zusammengezogen oder verschleifen miteinander.

Die Audio-CD

Versuchen Sie, wenn Sie die Audio-CD hören, sich langsam von der Umschrift zu lösen und direkt im Hangeul zu folgen. So bekommen Sie allmählich ein Gefühl dafür, wie Sie mit der Umschrift umgehen können. Hören Sie sich die Tracks auf der Audio-CD mehrfach an. In den Tracks zur Kommunikation wird das Sprechtempo im Verlauf leicht erhöht.

Die Schrift

Hangeul ist wirklich eine leicht zu erlernende Schrift. Viele Schüler und Studenten wollen es am Anfang nicht glauben, dass man sie in circa einer Woche intensiver Beschäftigung erlernen kann. Probieren Sie es aus. Am besten schreiben Sie die Silben, während Sie sie lesen und aussprechen. Dann prägen sie sich besser ein.

Kommunikation und Wortschatz

Wenn Sie Grundkenntnisse des Koreanischen haben, können Sie die Kapitel Kommunikation und Wortschatz in beliebiger Reihenfolge bearbeiten. Lassen Sie sich durch die Situation leiten, mit der Sie gerade beschäftigt sind. Oder nutzen Sie zum Beispiel Ihr eigenes Umfeld als „Sprachlabor" und lernen Sie in Ihrer Küche das Kapitel Lebensmittel / Mengenangaben (W9). Wortkarten oder selbstklebende Zettel mit wichtigen Vokabeln können dabei helfen.

Grammatik

Bevor Sie mit den Grammatikkapiteln beginnen, machen Sie sich bitte noch einmal mit dem Absatz „Satzbau und Eigenschaften des Koreanischen" dieses Kapitels vertraut. Es dauert erfahrungsgemäß einige Zeit, bis man sich grundlegende Eigenheiten wie zum Beispiel die Satzstellung angeeignet hat. Die Grammatikkapitel bauen dann aufeinander auf.
Die Konverbalform (Kapitel G11/ G12) ist oft eine der ersten großen Hürden, wenn man Koreanisch lernt. Sie wird hier ausführlich vorgestellt, weil sie auch zur Bildung anderer Formen benötigt wird. Lassen Sie sich aber nicht entmutigen, wenn Sie sich nicht gleich alle Unregelmäßigkeiten merken können. Sie werden sie immer leichter erkennen und behalten können.

Chinesischer Einfluss

Bei den Zahlen (G24/ G25) ist für den Anfänger am deutlichsten zu sehen, dass die Koreanische Sprache früher vom Chinesischen beeinflusst wurde. Sie werden deshalb zwei Zahlenreihen lernen. Aber auch bei traditionellen und alltäglichen Wörtern wie z.B. „Danke" lernen Sie manchmal zwei Wörter, die bedeutungsgleich sind. Eines davon kommt dann aus dem Chinesischen.

Englisch kann hilfreich sein

Bei aktuellen Begriffen z.B. aus der Popkultur und Begriffen aus der Technik finden Sie häufig Wörter aus dem Englischen, das heute die Sprache in Südkorea beeinflusst.

Sie wissen den koreanischen Begriff für Rolltreppe nicht? Kein Problem, nehmen Sie das englische Wort escalator und sprechen sie es „koreanisch" aus. Dieses Verfahren führt oft zum Erfolg.

Das Erlernen der koreanischen Vokabeln erfordert häufiges Wiederholen, da der Lerner nicht auf eine gemeinsame Sprachgeschichte wie z.B. mit dem Lateinischen zurückgreifen kann. Deshalb werden auch in diesem Buch (z.B. in der Grammatik) die Formen mit einer kleinen Auswahl der wichtigsten Verben erlernt und manche Vokabeln immer wieder gebraucht.

Koreanisch-Quellen

Falls Sie nicht in Korea die Sprache erlernen, können Sie trotzdem auf Originalmaterial zurückgreifen. Südkorea hat sich in einem rasanten Tempo zu einem Land entwickelt, das speziell in den Bereichen digitale Kommunikation und Internetnutzung führend ist. Radiosender, Fernsehsender und Zeitungen, aber auch staatliche Einrichtungen haben sehr informative und gut gestaltete Seiten auf Englisch im Internet.

Bei den Zeitungen sind die Seiten von Korea Times, The Korea Herald und Joong Ang Illbo zu empfehlen. Radio Korea International bzw. KBS World Radio hat sogar eine deutschsprachige Seite. Dort finden Sie manchmal Audio-Dateien aus Anfängersprachkursen oder Radiosendungen, mit denen Sie sich in die Sprache einhören können.

Die Korea Foundation beispielsweise fördert den Kulturaustausch und den Spracherwerb. Weiterführende Informationen und eine Linksammlung finden Sie auf den Seiten der Botschaft der Republik Korea. Aber auch ein Blick in Seiten der Demokratischen Volksrepublik Korea (Nordkorea) kann interessant sein.

Der koreanische Film feiert in den letzten Jahren auf vielen Filmfestivals Erfolge. Sie finden die DVDs oft mit der koreanischen Sprachspur. Versuchen Sie sich doch den Film möglichst im Original anzusehen eventuell mit Untertiteln, so schulen Sie Ihr Ohr für die fremde Sprache und verstehen trotzdem noch alles.

Genießen Sie eine Lernpause einmal in einem koreanischen Restaurant und lassen Sie sich die Originalkarte geben!

Viel Erfolg! 성공을 빕니다!

Hangeul: Grundvokale / Grundkonsonanten

Das koreanische Alphabet besteht aus 10 Grundvokalen und 14 Grundkonsonanten. Man schreibt sie von oben nach unten und von links nach rechts. Konsonanten und Vokale werden zu Silben verbunden und in gleich große (gedachte) Quadrate geschrieben.

Grundvokale

Die 10 Grundvokale in alphabetischer Reihenfolge sind:

Vokale	Umschrift / Aussprache	Vokale	Umschrift / Aussprache
ㅏ	a	ㅛ	yo
ㅑ	ya	ㅜ	u
ㅓ	eo	ㅠ	yu
ㅕ	yeo	ㅡ	eu
ㅗ	o	ㅣ	i

Mit dem Vokal allein kann man keine Silbe bilden. Dafür braucht man immer ㅇ als im Anlaut stimmlosen Platzhalter (siehe Übung 1). Bei Vokalen mit vertikalem Vokalstrich (ㅏ, ㅑ, ㅓ, ㅕ, ㅣ) steht der Konsonant links vom Vokal. Bei horizontalem Vokalstrich (ㅗ, ㅛ, ㅜ, ㅠ, ㅡ) steht der Konsonant über dem Vokal.

Grundkonsonanten

Die 14 Grundkonsonanten in alphabetischer Reihenfolge sind:

Konsonant	Umschrift / Aussprache	Name des Konsonanten
ㄱ	g, k	Giyeok
ㄴ	n	Nieun
ㄷ	d, t	Digeut
ㄹ	r, l	Rieul
ㅁ	m	Mieum
ㅂ	b, p	Bieup
ㅅ	s	Siot
ㅇ	ng	Ieung
ㅈ	j	Jieut
ㅊ	ch	Chieut
ㅋ	k	Kieuk
ㅌ	t	Tieut
ㅍ	p	Pieup
ㅎ	h	Hieu

ㄱ, ㄷ, ㅂ werden vor Vokal als „g, d, b" und vor Konsonanten oder am Silbenende als „k, t , p" transkribiert und ausgesprochen.

ㅇ wird als Auslautkonsonat als „ng" ausgesprochen.

Alphabet / Aussprache

1 Schreiben Sie die Vokale mit dem Platzhalter.

Vokale	Schreibübung
아 a	아 아 아 아 아
야 ya	야 야 야 야 야
어 eo	어 어 어 어 어
여 yeo	여 여 여 여 여
오 o	오 오 오 오 오

Vokale	Schreibübung
요 yo	요 요 요 요 요
우 u	우 우 우 우 우
유 yu	유 유 유 유 유
으 eu	으 으 으 으 으
이 i	이 이 이 이 이

2 Schreiben Sie die Konsonanten.

Konsonant	Schreibübung
ㄱ g, k	ㄱ ㄱ ㄱ ㄱ ㄱ
ㄴ n	ㄴ ㄴ ㄴ ㄴ ㄴ
ㄷ d, t	ㄷ ㄷ ㄷ ㄷ ㄷ
ㄹ r, l	ㄹ ㄹ ㄹ ㄹ ㄹ
ㅁ m	ㅁ ㅁ ㅁ ㅁ ㅁ
ㅂ b, p	ㅂ ㅂ ㅂ ㅂ ㅂ
ㅅ s	ㅅ ㅅ ㅅ ㅅ ㅅ

Konsonant	Schreibübung
ㅇ ng	ㅇ ㅇ ㅇ ㅇ ㅇ
ㅈ j	ㅈ ㅈ ㅈ ㅈ ㅈ
ㅊ ch	ㅊ ㅊ ㅊ ㅊ ㅊ
ㅋ k	ㅋ ㅋ ㅋ ㅋ ㅋ
ㅌ t	ㅌ ㅌ ㅌ ㅌ ㅌ
ㅍ p	ㅍ ㅍ ㅍ ㅍ ㅍ
ㅎ h	ㅎ ㅎ ㅎ ㅎ ㅎ

3 Füllen Sie bitte aus.

	ㅏ	ㅕ	ㅠ	ㅡ	ㅣ
1. ㄱ	가	겨	규	그	기
2. ㄴ	나	녀	뉴	느	니
3. ㄹ	라	려	류	르	리
4. ㅁ	마	며	뮤	므	미
5. ㅂ	바	벼	뷰	브	비
6. ㅅ	사	셔	슈	스	시
7. ㅈ	자	져	쥬	즈	지
8. ㅌ	타	텨	튜	트	티
9. ㅍ	파	펴	퓨	프	피
10. ㅎ	하	혀	휴	흐	히

Hangeul: Grundkombinationen von Vokalen und Konsonanten

Grundkombinationen

Die folgende Tabelle zeigt die Grundkombinationen des Hangeuls:

	ㅏ a	ㅑ ya	ㅓ eo	ㅕ yeo	ㅗ o	ㅛ yo	ㅜ u	ㅠ yu	ㅡ eu	ㅣ i
ㄱ g, k	가	갸	거	겨	고	교	구	규	그	기
ㄴ n	나	냐	너	녀	노	뇨	누	뉴	느	니
ㄷ d	다	댜	더	뎌	도	됴	두	듀	드	디
ㄹ r, l	라	랴	러	려	로	료	루	류	르	리
ㅁ m	마	먀	머	며	모	묘	무	뮤	므	미
ㅂ b	바	뱌	버	벼	보	뵤	부	뷰	브	비
ㅅ s	사	샤	서	셔	소	쇼	수	슈	스	시
ㅇ ng	아	야	어	여	오	요	우	유	으	이
ㅈ j	자	쟈	저	져	조	죠	주	쥬	즈	지
ㅊ ch	차	챠	처	쳐	초	쵸	추	츄	츠	치
ㅋ k	카	캬	커	켜	코	쿄	쿠	큐	크	키
ㅌ t	타	탸	터	텨	토	툐	투	튜	트	티
ㅍ p	파	퍄	퍼	펴	포	표	푸	퓨	프	피
ㅎ h	하	햐	허	혀	호	효	후	휴	흐	히

Hier einige Beispielwörter:

고기 gogi	Fleisch	성공 seonggong	Erfolg
나라 nara	Land	자유 jayu	Freiheit
다리미 darimi	Bügeleisen	치다 chida	schlagen
라디오 radio	Radio	크다 keuda	groß sein
모자 moja	Hut, Mütze	토마토 tomato	Tomate
바다 bada	Meer	허수아비 heosuabi	Vogelscheuche
소리 sori	Laut		

1 Lesen und schreiben Sie.

1. 기차 *gicha* — Zug 기차
2. 나비 *nabi* — Schmetterling 나비
3. 다리 *dari* — Bein 다리
4. 토마토 *tomato* — Tomaten 토마토
5. 소 *so* — Kuh 소
6. 사랑 *sarang* — Liebe 사랑
7. 바구니 *baguni* — Korb 바구니
8. 사자 *saja* — Löwe 사자
9. 지도 *jido* — Landkarte 지도
10. 커피 *keopi* — Kaffee 커피

2 Ergänzen Sie das fehlende Schriftzeichen.

1. 머리 *meo-ri* — Kopf
2. 버스 *beo-seu* — Bus
3. 어머니 *eo-meo-ni* — Mutter
4. 아버지 *a-beo-ji* — Vater
5. 크다 *keu-da* — groß sein
6. 나무 *na-mu* — Baum
7. 비누 *bi-nu* — Seife
8. 아프다 *a-peu-da* — krank sein
9. 수영장 *su-yeong-jang* — Schwimmbad
10. 후추 *hu-chu* — Pfeffer

3 Ordnen Sie die Schriftzeichen der Aussprache zu.

1. 사다 — G
2. 고기 — E
3. 코코아 — A
4. 라디오 — C
5. 모자 — D
6. 포도 — I
7. 호주 — F
8. 파리 — J
9. 코트 — B
10. 바나나 — H

A *kokoa* — Kakao
B *koteu* — Mantel
C *radio* — Radio
D *moja* — Hut
E *gogi* — Fleisch
F *hoju* — Australien
G *sada* — kaufen
H *banana* — Bananen
I *podo* — Traube
J *pari* — Fliege

Hangeul Doppelkonsonanten / Zusammengesetzte Vokale

Doppelkonsonaten

Es gibt 5 Doppelkonsonanten, die als Spannlaut ausgesprochen werden.
Die 5 Doppelkonsonanten in alphabetischer Reihenfolge sind:

Doppelkonsonant	Aussprache	Name
ㄲ	kk	Ssanggiyeok
ㄸ	tt	Ssangdigeut
ㅃ	pp	Ssangbieup
ㅆ	ss	Ssangsiot
ㅉ	jj	Ssangjieut

Bitte achten Sie genau auf den Unterschied in der Aussprache zwischen den Grundkonsonanten, den aspirierten Grundkonsonanten und den Doppelkonsonanten. Manche Wörter unterscheiden sich nur in einem dieser Konsonaten und haben ganz unterschiedliche Bedeutungen.

Grundkonsonanten	Grundkonsonanten	Doppelkonsonanten
ㄱ g	ㅋ k	ㄲ kk
ㄷ d	ㅌ t	ㄸ tt
ㅂ b	ㅍ p	ㅃ pp
ㅅ s		ㅆ ss
ㅈ j	ㅊ ch	ㅉ jj

Hier einige Beispielwörter:

까치	kkachi	Elster	가짜	kajja	Verfälschung	자다	jada	schlafen
타다	tada	fahren	따다	ttada	pflücken	차다	chada	stoßen
아프다	apeuda	krank sein	사다	sada	kaufen	싸다	ssada	billig sein
짜다	jjada	salzig sein	바쁘다	bappeuda	beschäftigt sein			

Zusammengesetzte Vokale

Die Grundvokale können zu zusammengesetzten Vokalen kombiniert werden.
Die 11 zusammengesetzten Vokale in alphabetischer Reihenfolge sind:

Zusammengesetzte Vokale	ㅐ	ㅒ	ㅔ	ㅖ	ㅘ	ㅙ	ㅚ	ㅝ	ㅞ	ㅟ	ㅢ
Umschrift / Aussprache	ae	yae	e	ye	wa	wae	oe	wo	we	wi	ui

개미	gaemi	Ameisen	얘기	yaegi	Unterhaltung
체조	chejo	Gymnastik	세계	segye	Welt
사과	sagwa	Apfel	돼지	dwaeji	Schwein
외래어	weraeeo	Fremdwörter	추워요	chuwoyo	Es ist kalt
궤도	gwedo	Schiene	귀	gwi	Ohr
의자	uija	Stuhl			

A3

1 Füllen Sie bitte aus.

	ㅐ	ㅔ	ㅟ	ㅝ	ㅢ
1. ㄱ	개	게	귀	궈	긔
2. ㄴ	내	네	뉘	눠	늬
3. ㄷ	대	데	뒤	둬	듸
4. ㄹ	래	레	뤼	뤄	릐
5. ㅂ	배	베	뷔	붜	븨
6. ㅅ	새	세	쉬	숴	싀
7. ㅇ	애	에	위	워	외
8. ㅈ	재	제	쥐	줘	즤
9. ㅍ	패	페	퓌	풔	픠
10. ㅎ	해	헤	휘	훠	희

2 Hören Sie auf der CD TRACK 8. In welcher Reihenfolge hören Sie die Wörter unter A und B?

1. A ☐ 고리 *gori* Ring   B ☐ 꼬리 *kkori* Schwanz
2. A ☐ 달 *dal* Mond   B ☐ 딸 *ttal* Tochter
3. A ☐ 방 *bang* Zimmer   B ☐ 빵 *ppang* Brot
4. A ☐ 사다 *sada* kaufen B ☐ 싸다 *ssada* billig sein
5. A ☐ 자다 *jada* schlafen B ☐ 짜다 *jjada* salzig sein

3 Ergänzen Sie das fehlende Schriftzeichen.

1. 개 *gae* — Hund
2. 메뉴 *me-nyu* — Menü
3. 얘기 *yae-gi* — Unterhaltung
4. 예쁘다 *ye-ppeu-da* — hübsch sein
5. 전화 *cheon-hwa* — Telefon
6. 백화점 *baek-hwa-jeom* — Kaufhaus
7. 시계 *si-gye* — Uhr
8. 회사 *hoe-sa* — Firma
9. 의자 *ui-ja* — Stuhl
10. 왜 *wae* — warum?

4 Ordnen Sie die Schriftzeichen der Aussprache zu.

1. 돼지 — F
2. 회사 — G
3. 외우다 — E
4. 더워요 — H
5. 쉬다 — C
6. 위 — A
7. 의사 — B
8. 바쁘다 — D

A *wi* — oben
B *uisa* — Arzt
C *swida* — ausruhen
D *bappeuda* — beschäftigt sein
E *woeuda* — auswendig lernen
F *dwaeji* — Schwein
G *hoesa* — Firma
H *deowoyo* — Es ist heiß.

Hangeul: Auslautkonsonanten

Auslautkonsonanten

Die 14 Grundkonsonanten und die beiden Doppelkonsonaten ㄲ und ㅆ können auch als Auslautkonsonaten verwendet werden.

Die folgende Tabelle zeigt die Aussprachregeln:

Konsonant als Auslautkonsonant	Aussprache
ㄱ, ㅋ, ㄲ	-k
ㄴ	-n
ㄷ, ㅅ, ㅈ, ㅊ, ㅌ, ㅎ, ㅆ	-t
ㄹ	-l
ㅁ	-m
ㅂ, ㅍ	-p
ㅇ	-ng

1. ㄱ, ㅋ, ㄲ -k
   국 *guk* Suppe   독 *dok* Gift   밖 *bak* draußen   부엌 *bueok* Küche

2. ㄴ -n
   눈 *nun* Schnee, Auge   돈 *don* Geld   산 *san* Berg   시간 *sigan* Zeit

3. ㄷ, ㅅ, ㅈ, ㅊ, ㅌ, ㅎ, ㅆ -t
   듣다 *deutda* hören   솥 *sot* Topf   있다 *itda* da sein
   낫 *nat* Sichel   낮 *nat* Mittag   낯 *nat* Visage

4. ㄹ -l
   말 *mal* Sprache   달 *dal* Mond   서울 *seoul* Seoul   불고기 *bulgogi* Bulgogi

5. ㅁ -m
   봄 *bom* Frühling   꿈 *kkum* Traum   밤 *bam* Nacht   김치 *gimchi* Gimchi

6. ㅂ, ㅍ -p
   밥 *bap* Reis   답 *dap* Antwort   앞 *ap* vorne   숲 *sup* Wald

7. ㅇ -ng
   강 *gang* Fluss   빵 *ppang* Brot   가방 *gabang* Tasche

1 Füllen Sie aus.

Auslautkonsonant	가	누	허
1. ㄱ	각	눅	헉
2. ㄴ	간	눈	헌
3. ㅁ	감	눔	험
4. ㄹ	갈	눌	헐
5. ㅂ	갑	눕	헙
6. ㅇ	강	눙	헝

2 Lesen und schreiben Sie in der Umschrift.

1. 한국 — Korea — Hanguk
2. 낚시 — Angeln — Nakshe
3. 문 — Tür — Mun
4. 숟가락 — Löffel — Sudgalak
5. 젓가락 — Stäbchen — Jeotkalak
6. 늦다 — spät sein — netda
7. 꽃 — Blume — kot
8. 밑 — unten — mit
9. 있다 — haben, existieren — itda
10. 술 — Alkohol — sul
11. 남자 — Mann — Namja
12. 입 — Mund — ib
13. 무릎 — Knie — Murub
14. 방 — Zimmer — Bang

역 — Bahnhof — yok
밖 — draußen — Bak
전화 — Telefon — Zohnwa
곧 — bald — kod
옷 — Kleidung — ut
낮잠 — Mittagsschlaf — nadcham
낮 — Visage — nat
끝 — Ende — kut
갔다 — gehen (Vergangenheitsform) — gatda
가을 — Herbst — kail
아이스크림 — Eiskreme — aisekirim
비빔밥 — Bibimbap — Bibimbap
늪 — Sumpf — nub
수영장 — Schwimmbad — Suyongjang

3 Ordnen Sie die Schriftzeichen der Umschrift zu.

1. 독 — E
2. 식당 — G
3. 언니 — D
4. 낮다 — B
5. 영어 — F
6. 여름 — A
7. 수업 — C
8. 창문 — I
9. 꽃 — H

A *yeoreum* — Sommer
B *natda* — niedrig sein
C *sueop* — Unterricht
D *eonni* — ältere Schwester (einer Frau)
E *dok* — Gift
F *yeongeo* — Englisch
G *sikdang* — Restaurant
H *kkot* — Blume
I *changmun* — Fenster

Hangeul: zusammengesetzte Auslautkonsonanten

Zusammengesetzte Auslautkonsonanten

Es gibt 11 zusammengesetzte Konsonanten, die nur als Auslautkonsonanten verwendet werden können.

Konsonanten als Auslautkonsonaten	Aussprache
ㄱㅅ	-k
ㄴㅈ	-n
ㄴㅎ	-n
ㄹㄱ	-k
ㄹㅁ	-m
ㄹㅂ	-l/-p
ㄹㅅ	-l
ㄹㅌ	-l
ㄹㅍ	-p
ㄹㅎ	-l
ㅂㅅ	-p

Bei der Aussprache fällt entweder der letzte oder der erste Konsonant weg.

Wenn die nächste Silbe mit einem Vokal anfängt, werden auch beide Konsonanten realisiert.

Beispiel:

몫 *mok*   몫이 *moksi*

In der Kombination mit nachfolgenden Vokalen werden die Konsonanten meistens stimmhaft ausgesprochen.

11

1. 몫 *mok*   Anteil: 몫이 *moksi*, 몫만 *mongman*
2. 앉다 *anda*   sitzen: 앉으면 *anjeumyeong*, 앉고 *ango*
3. 많다 *manta*   viel sein: 많으면 *maneumyeon*, 많고 *manko*
4. 읽다 *ikta*   lesen: 읽으면 *ilgeumyeon*, 읽고 *ikgo*
5. 젊다 *jeomda*   jung sein: 젊으면 *jeolmeumyeon*, 젊고 *jeomgo*
6. 짧다 *jjalda*   kurz sein: 짧으면 *jjalbeumyeon*, 짧고 *jjalgo*
7. 외곬 *oegol*   einziger Weg: 외곬으로 *oegolseuro*
8. 핥다 *halda*   lecken: 핥으면 *halteumyeon*, 핥고 *halgo*
9. 읊다 *eupda*   Gedichte rezitieren: 읊으면 *eulpeumyeon*, 읊고 *eupgo*
10. 잃다 *ilta*   verlieren: 잃으면 *ireumyeon*, 잃고 *ilko*
11. 없다 *eopda*   nicht da sein: 없으면 *eopseumyeon*, 없고 *eopgo*

A5

1 Lesen und schreiben Sie in der Umschrift.

1. 몫   Anteil   _mok_
2. 앉다   sitzen   _anda_
3. 싫어하다   hassen   _shirohada_
4. 괜찮다   Okay sein   _gwenchanda_
5. 밝다   hell sein   _balda_
6. 끝다   aufhören   _kenta_
7. 넓다   breit sein   _nelda_
8. 닮다   ähneln   _damda_
9. 여덟   acht   _yodoll_

2 Finden Sie die passende Transkription.

1. 밝아서
   A ☒ balgaseo
   B ☒ palkaseo
   C ☐ pakgaseo

2. 젊어지다
   A ☐ jeoleojida
   B ☐ jeomeojida
   C ☒ jeolmeojida

3. 읽으십시오
   A ☐ Ikleusipsio
   B ☒ ilgeusipsio
   C ☐ ikeusipsio

4. 없으면
   A ☐ eopeumyeon
   B ☐ eospeumyeon
   C ☒ eopseumyeon

3 Lesen Sie und markieren Sie in diesem Text die zusammengesetzten Auslautkonsonanten und schreiben Sie in der Umschrift.

1. 토마스씨는 일곱 시에 일어나요. 여덟 시에 아침을 먹어요. 여덟 시 반에 회사에 가요.
   Tomaseyenen ilgob siee iIonayo. Yodoll siee achimel mokeyo. Jodoll shi Banee hui saee kagoo

2. 아침에 일이 많으면 커피를 안 마셔요. 점심에 동료들과 함께 식사하러 가요.
   achinee ili manheemyon kopirel an masyeogo. Jomshinee dongIyodel kwa hamkee shiksa Ha leo kagoo.

3. 점심을 먹은 후에 잠깐 카페에 앉아서 쉬어요. 시간이 좀 있으면 신문도 읽어요.
   Jomshinel meken Huee jjan kanta peee anjasa shico yoo. shikani chon it eemyoh shin mundo ilgoyo.

4. 저녁에 약속이 없으면 운동을 하러 가요.
   jeoneokee yatsoki obseemyon undongil Hala Ra yo

5. 운동을 싫어하지만 일주일에 두 번은 괜찮아요.
   Undoil jil Ha chiman il chuilee Pu beon en

Persönliche Angaben

Angaben zur Person 신상정보 sinsangjeonbo

성 seong	Familienname	전화번호 jeonhwabeonho	Telefonnummer
이름 ireum	Name	이메일 i meil	E-Mail
생년월일 saengnyeonworil	Geburtsdatum	직장 jikjang	Arbeitsort
출생지 chulsaengji	Geburtsort	직업 jigeop	Beruf
국적 gukjeok	Nationalität	남성 namseong	maskulin
학력 hangnyeok	Bildungsstand	여성 yeoseong	feminin
혼인관계 honingwangye	Familienstand	키 ki	Körpergröße
거주지 geojuji	Wohnort	몸무게 mommuge	Gewicht
주소 juso	Adresse	사진 sajin	Foto

Dokumente 증서 jeungseo

여권 yeogwon	Pass	운전면허증 unjeonmyeonheojeung	Führerschein
증명서 jeungmyeongseo	Ausweis	신용카드 sinnyongkadeu	Kreditkarte

Charaktereigenschaften 성격 seonggyeok

사교적인 sagyojeogin	gesellig	친절한 chinjeolhan	freundlich
재미있는 jaemiinneun	interessant	조용한 joyonghan	ruhig
지루한 jiruhan	langweilig	수다스러운 sudaseureoun	gesprächig
건방진 geonbangjin	arrogant	정중한 jeongjunghan	höflich

Aussehen 외모 oemo

눈색 nun saek	Augenfarbe	예쁜 yeppeun	hübsch
머리색 meori saek	Haarfarbe	못생긴 mot saenggin	hässlich
피부색 pibusaek	Hautfarbe	매력적인 maeryeokjeogin	attraktiv
콧수염 있는 kotsuyeom inneun	mit Schnauzbart	큰 keun	groß
		작은 jageun	klein
턱수염 있는 teoksuyeom inneun	mit Bart	날씬한 nalssinhan	schlank
		비만의 bimanui	korpulent
안경을 낀 angyeongeul kkin	mit Brille	뚱뚱한 ttungttunghan	dick
대머리인 daemeoriin	kahl	스포티한 seupotihan	sportlich
머리가 긴 meoriga gin	mit langen Haaren		
머리가 짧은 meoriga jjalbeun	mit kurzen Haaren		

1 Ordnen Sie die koreanischen Wörter den deutschen Begriffen zu.

직업	이 메일	키	사진	주소	국적	혼인관계	학력

1. 이메일 ✓ E-Mail:
2. 키 ✓ Körpergröße
3. 사진 ✓ Foto
4. 혼인관계 Bildungsstand
5. 국적 ✓ Nationalität
6. 혼인관계 ✓ Familienstand
7. 직업 Beruf
8. 주소 ✓ Adresse

2 Welche Adjektive gehören zu welcher Gruppe? Ordnen Sie zu.

사교적인	뚱뚱한	예쁜	못 생긴
매력적인	친절한	날씬한	공손한

höflich

Aussehen	Charaktereigenschaften
뚱뚱한	사교적인
매력적인	친절한
예쁜	못 생긴
	날씬한

3 Nach welchen Dokumenten bzw. persönlichen Angaben können Sie wo gefragt werden? Kreuzen Sie an.

1. Grenzkontrolle
   - A ☐ 전화번호
   - B ☐ 머리색
   - C ☒ 여권
   - D ☐ 몸무게

2. Bank
   - A ☒ 사진
   - B ☒ 직업
   - C ☐ 키
   - D ☐ 피부색

3. Verkehrskontrolle
   - A ☒ 이름
   - B ☒ 출생지
   - C ☐ 이 메일
   - D ☒ 운전면허증

4 Füllen Sie dieses Formular für sich selbst aus.

성: Foerster

이름: Sascha

출생지: Eschweiler

생년월일: 27.12.84

주소: Im Tannenbusch 5, 53119 Bonn

Berufe / Arbeitsorte

Beruf 직업 *jigeop*		Arbeitsort 직장 *jikjang*	
사장 *sajang*	Direktor	회사 *hoesa*	Firma
대표 *daepyo*	Geschäftsführer	기업 *gieop*	Unternehmen
대리인 *daeriin*	Stellvertreter	기관 *gigwan*	Institution
비서 *biseo*	Sekretär	사무실 *samusil*	Büro
사업가 *saeopga*	Geschäftsmann	국제기업 *gukjegieop*	Internationales Unternehmen
엔지니어 *enjinieo*	Ingenieur	사무실 *samusil*	Büro
직원 *jigwon*	Arbeiter	공장 *gongjang*	Fabrik
의사 *uisa*	Arzt	병원 *byeongwon*	Krankenhaus
약사 *yaksa*	Apotheker	약국 *yakguk*	Apotheke
화가 *hwaga*	Maler	스튜디오 *seutyudio*	Studio
가수 *gasu*	Sänger	무대 *mudae*	Bühne
작가 *jakga*	Schriftsteller	출판사 *chulpansa*	Verlag
소방관 *sobanggwan*	Feuerwehrmann	소방서 *sobangseo*	Feuerwehr
경찰관 *gyeongchalgwan*	Polizist	경찰서 *gyeongchalseo*	Polizei
정치가 *jeongchiga*	Politiker	국회 *gukhoe*	Parlament
선생 *seonsaeng*	Lehrer	학교 *hakgyo*	Schule
선수 *seonsu*	Sportler	운동장 *udongjang*	Sportplatz
학자 *hakja*	Wissenschaftler	연구소 *yeonguso*	Institut
제빵사 *jeppangsa*	Bäcker	제과점 *jegwajeom*	Bäckerei
미용사 *miyongsa*	Friseur	미용실 *miyongsil*	Friseursalon
식당종업원 *sikdangjongeobwon*	Kellner	식당 *sikdang*	Restaurant
판매원 *panmaewon*	Verkäufer	가게 *gage*	Laden
재단사 *jaedansa*	Schneider	양복점 *yangbokjeom*	Schneiderei
운전사 *unjeonsa*	Fahrer	택시 *taeksi*	Taxi
요리사 *yorisa*	Koch	구내식당 *gunaesikdang*	Kantine, Großküche

1 Wer arbeitet wo? Ordnen Sie zu.

1. 선생
2. 의사
3. 요리사
4. 비서
5. 정치가

A 식당 3
B 국회 5
C 학교 1
D 병원 2
E 회사 4

2 Lesen Sie die Umschreibungen. Welcher Beruf ist gemeint?

1. Jemand, der Haare schneidet: 미용사
2. Jemand, der auf der Straße für Ordnung sorgt: 경찰관
3. Eine Person, die im Laden arbeitet: 판매원
4. Jemand, der in der Schule unterrichtet: 선생
5. Diese Person singt beruflich: 가수

3 Was sind oder waren diese Personen von Beruf? Kreuzen Sie an.

1. 셰익스피어
William Shakespeare
A ☐ 요리사
B ☐ 판매원
C ☒ 작가

2. 빈센트 반 고흐
Vincent Van Gogh
A ☒ 화가
B ☐ 운전사
C ☐ 소방관

3. 프란츠 베켄바우어
Franz Beckenbauer
A ☐ 약사
B ☒ 선수
C ☐ 의사

4. 빌리 브란트
Willy Brandt
A ☐ 경찰관
B ☒ 정치가
C ☐ 엔지니어

5. 마돈나
Madonna
A ☐ 비서
B ☐ 미용사
C ☒ 가수

Wortschatz

Länder / Nationalitäten / Sprachen

	Land 국가 gukga	Nationalität 국적 gukjeok	Sprache 언어 eoneo
Australien	호주 hoju	호주 사람 hoju saram	영어 yeongeo
China	중국 jungguk	중국 사람 jungguk saram	중국어 junggugeo
Deutschland	독일 dogil	독일 사람 dogil saram	독일어 dogireo
England	영국 yeongguk	영국 사람 yeongguk saram	영어 yeongeo
Frankreich	프랑스 peurangseu	프랑스 사람 peurangseu saram	프랑스어 peurangseueo
Griechenland	그리스 geuriseu	그리스 사람 geuriseu saram	그리스어 geuriseeo
Holland	네덜란드 nedeollandeu	네덜란드 사람 nedeollandeu saram	네덜란드어 nedeollandeueo
Indien	인도 Indo	인도 사람 Indo saram	힌두어 hindueo 영어 yeongeo
Italien	이탈리아 itallia	이탈리아 사람 itallia saram	이태리어 itaerieo
Japan	일본 ilbon	일본 사람 ilbon saram	일본어 ilboneo
Kanada	캐나다 kaenada	캐나다 사람 kaenada saram	영어 yeongeo 프랑스어 peurangseueo
Korea	한국 hanguk	한국 사람 hanguk saram	한국어 hangugeo
Mongolei	몽골 monggol	몽골 사람 monggol saram	몽골어 monggoreo
Neuseeland	뉴질랜드 nyujillaend	뉴질랜드 사람 nyujillaend saram	영어 yeongeo
Norwegen	노르웨이 noreuwei	노르웨이 사람 noreuwei saram	노르웨이어 noreuweieo
Österreich	오스트리아 oseuteuria	오스트리아 사람 oseuteuria saram	독일어 dogireo
Polen	폴란드 pollandeu	폴란드 사람 pollandeu saram	폴란드어 pollandeueo
Portugal	포르투갈 poreutugal	포르투갈 사람 poreutugal saram	포르투갈어 poreutugaleo
Russland	러시아 reosia	러시아 사람 reosia saram	러시아어 reosiaeo
Schweden	스웨덴 seuweden	스웨덴 사람 seuweden saram	스웨덴어 seuwedeneo
Schweiz	스위스 seuwiseu	스위스 사람 seuwiseu saram	독일어 dogireo 프랑스어 peurangseueo 이태리어 itaerieo
Spanien	스페인 seupein	스페인 사람 seupein saram	스페인어 seupeineo
Türkei	터키 teoki	터키 사람 teoki saram	터키어 teokieo
Ungarn	헝가리 heonggari	헝가리 사람 heonggari saram	헝가리어 heonggarieo
USA	미국 miguk	미국 사람 miguk saram	영어 yeongeo
Vietnam	베트남 beteunam	베트남 사람 beteunam saram	베트남어 beteunameo

Verben

… 으로 가요. euro gayo (Richtungsangabe)	fahren nach …
… 에서 왔어요. eseo watseoyo (Handlungsort)	kommen aus …
… 에서 살아요. eseo sarayo (Lokativ)	wohnen in …
… 에서 휴가를 보내요. eseo hyugareul bonaeyo (Lokativ)	Urlaub machen in …

1 Welche dieser Länder sind direkte Nachbarn? Kreuzen Sie an.

1. 한국
   A ☐ 스페인
   B ☒ 중국
   C ☐ 폴란드

2. 독일
   A ☐ 미국
   B ☒ 오스트리아
   C ☐ 베트남

3. 프랑스
   A ☐ 네덜란드
   B ☐ 터키
   C ☐ 일본

2 Welche Hauptstadt gehört zu welchem Land? Ordnen Sie zu.

1. 서울
2. 베를린
3. 도쿄
4. 런던
5. 이스탄불
6. 파리
7. 빈

6 A 프랑스
5 B 터키
4 C 영국
7 D 한국
7 E 오스트리아
2 F 독일
3 G 일본

3 Welche Sprache sprechen die Menschen welcher Nationalität? Ergänzen Sie die Sätze nach dem Muster:
한국 사람은 한국어를 해요.

1. 미국 사람은 __영어__ 를 해요.
2. 중국 사람은 __중국어__ 를 해요.
3. __러시아 사람__ 은 러시아어를 해요.
4. 인도 사람은 __힌두어__ 를 해요.
5. __그리스어 사람__ 그리스어를 해요.
6. 프랑스 사람은 __프랑스어__ 를 해요.

4 Wo wohnten diese berühmten Persönlichkeiten?

| 영국   스페인   독일   미국   러시아   오스트리아   프랑스 |

1. 처어칠은 (Churchill) __영국__ 에서 살았어요.
2. 모차르트는 (Mozart) __오스트리아__ 에서 살았어요.
3. 나폴레옹은 (Napoleon) __프랑스__ 에서 살았어요.
4. 톨스토이는 (Tolstoi) __러시아__ 에서 살았어요.
5. 루즈벨트는 (Roosevelt) __미국__ 에서 살았어요.
6. 살바도르 달리는 (Salvador Dali) __스페인__ 에서 살았어요.
7. 리차드 바그너는 (Richard Wagner) __독일__ 에서 살았어요.

Wortschatz

Familie

Familienmitglieder 가족구성원 gajokguseongwon

할아버지	harabeoji	Großvater	조부모	jobumo	Großeltern
할머니	halmeoni	Großmutter			
손자	sonja	Enkel	손주	sonju	Enkel
손녀	sonnyeo	Enkelin			
아버지	abeoji	Vater	부모	bumo	Eltern
어머니	eomeoni	Mutter			
남편	nampyeon	Ehemann	부부	bubu	Ehepaar
아내	anae	Ehefrau			
아들	adeul	Sohn	아이	ai	Kinder
딸	ttal	Tochter			
형	hyeong	älterer Bruder eines Mannes	형제	hyeongje	Geschwister
오빠	oppa	älterer Bruder einer Frau			
언니	eonni	ältere Schwester einer Frau	자매	jamae	Geschwister
누나	nuna	ältere Schwester eines Mannes			
남동생	namdongsaeng	jüngerer Bruder	동생	dongsaeng	Geschwister
여동생	yeodongsaeng	jüngere Schwester			
고모	gomo	Tante väterlicherseits			
이모	imo	Tante mütterlicherseits			
삼촌	samchon	Onkel väterlicherseits	친척	chincheok	Verwandtschaft
외삼촌	oesamchon	Onkel mütterlicherseits			
사촌	sachon	Cousine / Cousin			
시아버지	siabeoji	Schwiegervater einer Frau	시부모	sibumo	Schwiegereltern einer Frau
시어머니	sieomeoni	Schwiegermutter einer Frau			
장인	jangin	Schwiegervater eines Mannes	장인 장모	jangin jangmo	Schwiegereltern eines Mannes
장모	jangmo	Schwiegermutter eines Mannes			
사위	sawi	Schwiegersohn			
며느리	myeoneuri	Schwiegertochter			

Familienstand 가족상황 gajoksanghwang

유부남	yubunam	verheiratet (m.)	이혼남	ihonnam	geschieden (m.)
유부녀	yubunyeo	verheiratet (f.)	이혼녀	ihonnyeo	geschieden (f.)
독신 남	doksin nam	ledig (m.)	홀아비	horabi	verwitwet (m.)
독신 여	doksin yeo	ledig (f.)	과부	gwabu	verwitwet (f.)

Familienfeste und -ereignisse 가족잔치 gajokjanchi

결혼	gyeolhon	Hochzeit	이혼	ihon	Scheidung
약혼	yakhon	Verlobung	생일	saengil	Geburtstag
장례식	jangnyesik	Beerdigung	돌	dol	1. Geburtstag
제사	jesa	Ahnenverehrung	파티	pati	Party

1 Finden Sie das passende „Gegenstück", z.B. 할아버지 - 할머니

> 장인 이혼 어머니 남동생 고모
> 며느리 아들 손녀 아내 시어머니

1. 아버지 - 어머니
2. 형 - 남동생
3. 장모 - 장인
4. 남편 - 아내
5. 삼촌 - 고모
6. 사위 - 며느리
7. 딸 - 아들
8. 결혼 - 이혼
9. 손자 - 손녀
10. 시아버지 - 시어머니

2 Wer ist das? Ergänzen Sie.

1. Der Sohn Ihres Vaters aber nicht Sie ist Ihr 오빠
2. Der Vater Ihrer Mutter ist Ihr 할아버지
3. Der Sohn Ihres Onkels ist Ihr 사촌
4. Die Mutter Ihrer Frau ist Ihre 장모
5. Der Bruder Ihres Vaters ist Ihr 삼촌
6. Ihre jüngere Schwester ist Ihre 여동생
7. Ihr Sohn und Ihre Tochter sind Ihre 아이

3 Wie ist der Familienstand dieser Menschen? Ergänzen Sie.

1. Thomas hat eine Frau. Er ist …
토마스 씨는 유부남 입니다.

2. Die Frau von Andreas ist gestorben. Er ist …
안드레아스 씨는 홀아비 입니다.

3. Julia ist von ihrem Mann geschieden. Sie ist …
율리아 씨는 이혼녀 입니다.

4. Susanne hat einen Mann. Sie ist …
수잔네 씨는 유부녀 입니다.

5. Wolfgang ist noch nicht verheiratet. Er ist …
볼프강 씨는 독신남 입니다.

Und wie ist Ihr Familienstand? Ich bin …
저는 독신남 입니다.

Freizeit / Hobbys

Hobby 취미생활 *chwimisaenghwal*

여행하다 *yeohaenghada*	reisen	노래하다 *noraehada*	singen
(책을) 읽다 *chaegeul ikda*	(Bücher) lesen	춤을 추다 *chumeul chuda*	tanzen
(언어를) 배우다 *eoneoreul baeuda*	(Sprachen) lernen	파티 하다 *pati hada*	ein Fest f...
요리하다 *yorihada*	kochen	쇼핑 가다 *shopping gada*	shoppen
친구를 만나다 *chingureul mannada*	einen Freund treffen	컴퓨터 하다 *keompyuteo hada*	am Comp...
TV를 보다 *tibireul boda*	fernsehen	등산하다 *deungsanhada*	Berg steig...
사진을 찍다 *sajineul jjikda*	fotografieren	산책하다 *sanchaekhada*	spazieren...

Kunst und Kultur 예술과 문화 *yesulgwa munhwa*

그림 *geurim*	Malerei	연극 *yeongeuk*	Theater
그리다 *geurida*	malen	극장에 가다 *geukjange gada*	ins Theate...
음악 *eumak*	Musik		
음악을 하다 *eumageul hada*	musizieren	연극을 보다 *yeongeugeul boda*	ein Theate...
콘서트 *konseoteu*	Konzert	영화 *yeonghwa*	Kino
콘서트에 가다 *konseoteue gada*	ins Konzert gehen	영화관에 가다 *yeonghwagwane gada*	ins Kino ge...
뮤지컬 *myujikeol*	Musical	영화를 보다 *yeonghwareul boda*	einen Film ansehen
뮤지컬에 가다 *myujikeore gada*	ins Musical gehen	전시회 *jeonsihoe*	Ausstellung
		전시회에 가다 *jeonsihoee gada*	eine Ausstellung besuchen

Sport 운동 *undong*

축구 *chukgu*	Fußball	테니스 *teniseu*	Tennis
축구를 하다 *chukgureul hada*	Fußball spielen	테니스를 치다 *teniseureul chida*	Tennis spielen
농구 *nonggu*	Basketball	수영 *suyeong*	Schwimmen
농구를 하다 *nonggureul hada*	Basketball spielen	수영을 하다 *suyeongeul hada*	schwimmen
배구 *baegu*	Volleyball	육상 *yuksang*	Leichtathletik
배구를 하다 *baegureul hada*	Volleyball spielen	육상을 하다 *yuksangeul hada*	Leichtathletik machen
야구 *yagu*	Baseball	태권도 *taegwondo*	Taekwondo
야구를 하다 *yagureul hada*	Baseball spielen	태권도를 하다 *taegwondoreul hada*	Taekwondo machen

W5

1 Was mag Min-Su und was mag Ji-Young? Ordnen Sie die Hobbys den entsprechenden Personen zu.

> 수영을 하다   춤을 추다   여행하다   축구를 하다
> 테니스를 치다   그림을 그리다   노래하다   책을 읽다 *Buch*
> 농구를 보다   등산을 하다

민수는 좋아해요:

1. singen: 노래하다
2. reisen: 여행하다
3. schwimmen: 수영을 하다
4. Berg steigen: 등산하다
5. Fußball spielen: 축구를 하다

지영은 좋아해요:

6. lesen: 책을 읽다
7. tanzen: 춤을 추다
8. malen: 그림을 그리다
9. Tennis spielen: 테니스를 치다
10. Basketball ansehen: 농구를 보다

Und was sind Ihre Hobbys? _____

2 Was passt zusammen? Ordnen Sie zu.

A 노래
B 사진
C 테니스
D 극장
E 축구
F 산책
G 영화
H 춤
I 연극
J 태권도
K TV
L 그림

1. 치다 C
2. 그리다 L
3. 찍다 B
4. 추다 H

3 Das, was andere Menschen als Hobbys bezeichnen, haben diese Menschen zu ihrem Beruf gemacht. Um welchen Bereich geht es? Kreuzen Sie an.

1. 로버트 드 니로
   (Robert de Niro)
   A ☐ 수영
   B ☐ 배구
   C ☒ 영화

2. 보리스 벡커
   (Boris Becker)
   A ☐ 등산
   B ☒ 테니스
   C ☐ 음악

3. 마이클 잭슨
   (Michael Jackson)
   A ☐ 그림
   B ☐ 연극
   C ☒ 노래

Wortschatz

Datum / Zeitangaben

Jahreszeiten 사계절 sagyejeol

봄 bom	Frühling	가을 gaeul	Herbst
여름 yeoreum	Sommer	겨울 gyeoul	Winter

Monate 달 dal

일월 irwol	Januar	칠월 chirwol	Juli
이월 iwol	Februar	팔월 parwol	August
삼월 samwol	März	구월 guwol	September
사월 sawol	April	시월 siwol	Oktober
오월 owol	Mai	십일월 sibirwol	November
유월 yuwol	Juni	십이월 sibiwol	Dezember

Wochentage 요일 yoil

주 ju	Woche	목요일 mogyoil	Donnerstag
월요일 woryoil	Montag	금요일 geumnyoil	Freitag
화요일 hwayoil	Dienstag	토요일 toyoil	Samstag
수요일 suyoil	Mittwoch	일요일 iryoil	Sonntag

Datum 날짜 naljja (Koreanische Schreibweise: Jahr / Monat / Tag)

1998 천 구백 구십 팔 년 *cheon gubaek gusip pal nyeon*
   (wörtl.: tausend neun hundert neunzig acht Jahr)

2006 이천 육 년 *icheon yuk nyeon*
   (wörtl.: zwei tausend sechs Jahr)

2006.12.1. 이천 육 년 십이월 일일 *icheon yuk nyeon sibiwol iril*
   (wörtl.: zwei tausend sechs Jahr zwölf Monat ein Tag)

Uhrzeit 시간 sigan

시간 sigan	Stunde	정각 jeonggak	Punkt (Uhrzeit)
오전 ojeon	vormittags	오후 ohu	nachmittags
분 bun	Minute	전 jeon	vor
초 cho	Sekunde	후 hu	nach
시 si	Uhr	반 ban	halb

9:00　아홉 시 *ahop si*　　　　　　　정각 아홉 시
　　　(wörtl.: Neun Uhr)　　　　　　*jeonggak ahop si*

2:55　두 시 오십오 분 *dusi osibo bun*　세 시 오분 전 *se si obun jeon*

17:30　오후 다섯 시 반 *ohu daseot si ban*　십칠 시 삼십 분
　　　(wörtl.: Nachmittags 5 Uhr halb)　*sipchil si samsip bun*

19:10　오후 일곱 시 십 분　　　　　　십구 시 십 분
　　　ohu ilgopsi sip bun　　　　　　*sipgu si sip bun*

Vorsicht: für Minuten- und Sekundenangaben verwendet man die sinokoreanische, für die Stunden allerdings die koreanische Zahlenreihe.

W6

1 Zu welcher Jahreszeit gehören diese Monate? Die Jahreszeiten in Korea entsprechen denen in Europa.

| 십이월 구월 이월 유월 칠월 사월 |
| 십일월 일월 오월 삼월 팔월 사월 |

봄	여름	가을	겨울
삼월 사월 오월	유월 칠월 팔월	구월 시월 십일월	십이월 일월 이월

2 Verbinden Sie die ausgeschriebene Datumsangabe mit der entsprechenden Form in Ziffern.

1. 천 구백 칠십 사 년 오월 이십 오일   1974.5.25   A 2005.8.15
2. 천 구백 육십 삼 년 구월 육일   1963.9.6   B 2000.6.1
3. 천 사백 사십 삼 년 십이월 이십 사일   1443.12.24   C 1974.5.25
4. 이천 년 유월 일일   2000.6.1   D 1963.9.6
5. 이천 오 년 팔월 십오일   2005.8.15.   E 1443.12.24

3 Wie spät ist es? – 몇 시예요? Ergänzen Sie die passenden Wörter.

| 시   전   정각   분   반 |

14:00
1. 오후 정각 두시 / 오후 두시

11:15
4. 열한시 십오분

20:30
2. 이십시 반 / 오후 여덟시 반 (여덟시)

08:20
5. 여덟시 이십분

12:50
3. 열두시 오십분

05:45
6. 다섯시 사십오분

In der Stadt

Allgemein 일반 ilban

도시 dosi	Stadt	시골 sigol	Provinz
마을 maeul	Dorf	시내 sinae	Zentrum
길 gil	Straße	구시가지 gusigaji	Altstadt
수도 sudo	Hauptstadt	광장 gwangjang	Platz
골목 golmok	Gasse	가로수 길 garosu gil	Allee

Einrichtungen und Gebäude 시설물과 건물 siseolmulgwa geonmul

은행 eunhaeng	Bank	가게 gage	Geschäft
시청 sicheong	Rathaus	공원 gongwon	Park
절 jeol	Tempel	우체국 ucheguk	Post
교회 gyohoe	Kirche	경찰서 gyeongchalseo	Polizei
도서관 doseogwan	Bibliothek	시청 sicheong	Rathaus
소방서 sobangseo	Feuerwehr	운동장 undongjang	Sportplatz
공항 gonghang	Flughafen	역 yeok	Bahnhof
영화관 yeonghwagwan	Kino	극장 geukjang	Theater
병원 byeongwon	Krankenhaus	수영장 suyeongjang	Schwimmbad
학교 hakgyo	Schule	대학교 daehakgyo	Universität
학원 hagwon	Akademie	유치원 yuchiwon	Kindergarten
회사 hoesa	Firma	사무실 samusil	Büro
박물관 bangmulgwan	Museum	도서관 doseogwan	Bibliothek

Geschäfte 상점 sangjeom

식료품점 singnyopumjeom	Lebensmittelgeschäft	제과점 jegwajeom	Bäckerei
가정용품점 gajeongyongpumjeom	Haushaltswarengeschäft	서점 seojeom	Buchhandlung
스포츠용품점 seupocheuyongpumjeom	Sportgeschäft	시장 sijang	Markt
약국 yakguk	Apotheke	어시장 eosijang	Fischmarkt
백화점 baekhwajeom	Kaufhaus	꽃시장 kkotsijang	Blumenmarkt
신발가게 sinbalgage	Schuhgeschäft	꽃집 kkotjip	Blumenladen
옷가게 otgage	Bekleidungsgeschäft	정육점 jeongyukjeom	Metzgerei
문방구 munbanggu	Schreibwarenladen	장난감가게 jangnangamgage	Spielzeugladen
노래방 noraebang	Karaokeraum (wörtl.: Singenraum)	비디오방 bidiobang	Videoraum
PC방 pisibang	Internetcafé (wörtl.: PC-Raum)	찜질방 jjimjilbang	Sauna(-raum)

1 Kreuzen Sie an. Wo gehen Sie hin, wenn Sie …

1. … zum Arzt müssen?
   - A ☐ 교회
   - B ☐ 수영장
   - C ☒ 병원
   - D ☐ 은행

2. … Medizin brauchen?
   - A ☐ 우체국
   - B ☐ 학교
   - C ☐ 공원
   - D ☒ 약국

3. … etwas kaufen wollen?
   - A ☐ 은행
   - B ☒ 백화점
   - C ☐ 소방서
   - D ☐ 역

4. … spazieren gehen wollen?
   - A ☒ 공원
   - B ☐ 경찰서
   - C ☐ 서점
   - D ☐ 신발가게

5. … singen gehen wollen?
   - A ☐ PC방
   - B ☒ 노래방
   - C ☐ 문방구
   - D ☐ 옷가게

6. … Geld überweisen wollen?
   - A ☐ 제과점
   - B ☒ 은행
   - C ☐ 찜질방
   - D ☐ 대학교

2 In welches Geschäft gehen Sie, wenn Sie Folgendes kaufen wollen? Ergänzen Sie.

> 옷가게   스포츠용품점   서점   장난감가게
> 제과점   식료품점   신발가게

1. Lebensmittel — 식료품점
2. Schuhe — 신발가게
3. Brot — 제과점
4. Spielzeug — 장난감가게
5. Bücher — 서점
6. Kleidung — 옷가게
7. Tennisschläger — 스포츠용품점

3 Es gibt viel Sehenswertes in Seoul. Ergänzen Sie die Namen der Sehenswürdigkeiten mit den unterstrichenen Wörtern

1. National<u>museum</u> von Korea — 국립 중앙 박물관
2. Dongdaemun <u>Sportplatz</u> — 동대문 운동장
3. Namdaemun <u>Markt</u> — 남대문 시장
4. Olympia <u>Park</u> — 올림픽 공원
5. Seoul <u>Universität</u> — 서울 대학교

Restaurant / Speisen und Getränke

Gastronomie 요식업 yosikeop

바 ba	Bar	식당 sikdang	Restaurant
카페 kape	Café	구내 식당 gunae sikdang	Kantine
호프 Hopeu	Bierhaus	학생식당 haksaengsikdang	Mensa

Im Restaurant 식당에서 sikdangeseo

예약하다 yeyakhada	reservieren	메뉴판 menyupan	Speisekarte
주문하다 jumunhada	bestellen	메뉴 menyu	Menü
계산하다 gyesanhada	bezahlen	오늘의 메뉴 oneurui menyu	Tagesmenü
식탁 siktak	Tisch	웨이터 weiteo	Kellner/-in
자리 jari	Platz		

Auf dem Tisch 식탁 위에 siktag wie

접시 jeopsi	Teller	냅킨 naepkin	Serviette
칼 kal	Messer	숟가락 sutgarak	Löffel
잔 jan	Tasse	젓가락 jeotgarak	Stäbchen
컵 keop	Glas	포크 pokeu	Gabel
그릇 geureut	Schüssel	식기 sikgi	Geschirr und Besteck

Mahlzeiten 식사시간 siksasigan

아침 먹다 achim meokda	frühstücken	군것질 하다 gungeotjil hada	naschen
점심 먹다 jeomsim meokda	mittagessen	과자 gwaja	Kekse
저녁 먹다 jeonyeok meokda	abendessen	전체요리 jeoncheyori	Vorspeise

Speisen 음식 eumsik

국 gug	Suppe	국수 guksu	Nudeln
요리 yori	Gericht	반찬 banchan	Beilagen
고기요리 gogiyori	Fleischgericht	아이스크림 aiseukeurim	Eiscreme
생선요리 saengseonnyori	Fischgericht	케이크 keikeu	Kuchen
야채요리 yachaeyori	Gemüsegericht	디저트 dijeoteu	Nachtisch
야채 yachae	Gemüse	과일 gwail	Obst

Getränke 음료수 eumryosu

술 sul	alkoholisch	물 mul	Wasser
맥주 maekju	Bier	차 cha	Tee
생맥주 saengmaekju	Fassbier	홍차 hongcha	Schwarztee
소주 soju	Schnaps	녹차 nokcha	Grüntee
막걸리 makgeolli	Reiswein	커피 keopi	Kaffee
포도주 podoju	Wein	코코아 kokoa	Kakao
위스키 wiseuki	Whisky	주스 juseu	Saft
샴페인 syampein	Sekt	콜라 kolla	Cola
칵테일 kakteil	Cocktail	우유 uyu	Milch

1 Lösen Sie das Rätsel.

음료수	커피	메뉴판	막걸리	식당
디저트	반찬	전채요리	음식	웨이터

1. Sie bestellen nach dieser Liste — 메뉴판
2. Das essen Sie vor dem Hauptgericht — 전채요리
3. Er bringt Ihnen das Menü — 웨이터
4. Zum Reis gibt es verschiedene davon — 반찬
5. Süßer Gang zum Abschluss — 디저트
6. Speise / Essen allgemein — 음식
7. Alles, was man trinken kann — 음료수
8. Schwarz, heiß, macht munter — 커피
9. Alkoholisches Getränk aus Reis — 막걸리
10. Wo man auswärts essen geht — 식당

2 Ordnen Sie die Wörter den entsprechenden Überschriften zu.

맥주 아이스크림 젓가락 냅킨 잔 포도주 소주 케이크

디저트	술	식탁 위에
케이크 아이스크림	소주 포도주 맥주	잔 냅킨 젓가락

3 Was passt nicht in die Reihe? Markieren Sie.

1. 소주 - (과일) - 맥주 - 포도주
2. (케이크) - 접시 - 젓가락 - 숟가락
3. 아이스크림 - (생선요리) - 케이크 - 디저트
4. 고기요리 - 야채요리 - 생선요리 - (샴페인)
5. (우유) - 아침 - 점심 - 저녁

Lebensmittel / Mengenangaben

Gemüse 야채 yachae

오이 oi	Gurke	생강 saenggang	Ingwer
감자 gamja	Kartoffel	무 mu	Rettich
고구마 goguma	Süßkartoffel	마늘 maneul	Knoblauch
시금치 sigeumchi	Spinat	파 pa	Lauchzwiebel
배추 baechu	Chinakohl	양파 yangpa	Zwiebel
당근 danggeun	Karotte	콩 kong	Bohnen

Milchprodukte 유제품 yujepum

우유 uyu	Milch	요구르트 yogureuteu	Joghurt
치즈 chijeu *cheese*	Käse	마가린 magarin	Margarine
버터 beoteo *butter*	Butter	생크림 saengkeurim *creme*	Sahne

Fleisch 고기 gogi

쇠고기 soegogi	Rindfleisch	오리고기 origogi	Entenfleisch
닭고기 dakgogi	Hähnchen	베이컨 beikeon *beikeon*	Speck
돼지고기 dwaejigogi	Schweinefleisch	소시지 sosiji *sausage*	Wurst
생선 saengseon	Fisch		

Backwaren 빵 ppang

빵 ppang	Brot	케이크 keikeu	Kuchen
샌드위치 saendeuwichi	Sandwich	과자 gwaja	Keks

Gewürze 양념 yangnyeom

소금 sogeum	Salz	고춧가루 gochutgaru	Chilipulver
설탕 seoltang	Zucker	식초 sikcho	Essig
후추 huchu	Pfeffer	기름 gireum	Speiseöl
간장 ganjang	Sojasauce	참기름 chamgireum	Sesamöl
젓갈 jeotgal	Fischsauce	새우젓 saeujeot	Shrimpssauce

Getreide u. a. 곡류 gokryu

쌀 ssal	Reis	밀가루 milgaru	Mehl
국수 guksu	Nudeln	계란 gyeran	Ei

Mengenangaben 단위 danwi

개 gae	Stück	리터 riteo	Liter
마리 mari	Zahlwort für Tiere	봉지 bongji	Päckchen
병 byeong	Flasche	스푼 seupun *spoon*	Löffel
장 jang	Scheibe	(킬로)그램 (killo)geuraem	(Kilo)gramm
잔 jan	Tasse	칼로리 kallori	Kalorien
그릇 geureut	Schüssel		

1 Hier sehen Sie einen Einkaufszettel. Übersetzen Sie ihn ins Koreanische.

1. Zucker
2. Reis
3. Zwiebel
4. Milch
5. Chinakohl
6. Käse
7. Mehl

1. 설탕
2. 쌀
3. 양파
4. 우유
5. 배추
6. 치즈
7. 밀가루

2 Das ist ein Rezept für 김치 *gimchi*, eines der beliebtesten Nationalgerichte Koreas. Ergänzen Sie die fehlenden Wörter im Rezept.

젓갈   배추   무   새우젓   마늘   고춧가루   소금   생강

Chinakohl (3-4 Stück) 6 Kg	배추	(3-4개) 6킬로그램
Rettich (1-2 Stück) 1 Kg	무	(1-2개) 1킬로그램
Salz 600 g	소금	600그램
Fischsauce 5 Löffel	젓갈	5 스푼
Shrimpssauce 2 Löffel	새우젓	2 스푼
Chilipulver 15 Löffel	고춧가루	15스푼
Knoblauch 10 Löffel	마늘	10스푼
Ingwer 4 Löffel	생강	4 스푼

Wie geht es weiter? Der Chinakohl wird der Länge nach in Viertel geschnitten. In einer großen Schüssel wird eine Salzlauge von 8-10% vorbereitet. Der Chinakohl wird völlig von der Lauge bedeckt. Diese wird mit etwas Salz bestreut. 12-16 Stunden stehen lassen. Danach wird der Chinakohl unter klarem Wasser zweimal gewaschen. In einer großen Schüssel werden nun die Gewürze vorbereitet. Eine Reismehlpaste wird mit der Fischsauce, der Shrimpssauce, dem Chilipulver, dem zerhackten Knoblauch und dem Ingwer vermischt. Hier kann man je nach Geschmack Lauch, Zwiebeln, Möhren oder Muscheln hinzufügen. Diese Gewürzmischung wird sorgfältig zwischen den einzelnen Blättern des Chinakohls verteilt. Mit dem äußeren Blatt umwickelt man das Ganze. Nun kann man 김치 [*gimchi*] essen. „맛있게 드세요!" [*mannitge deuseyo*] (Guten Appetit!)

3 Was passt nicht in die Reihe? Markieren Sie.

1. 쇠고기 - 오리고기 - 돼지고기 - 요구르트
2. 배추 - 우유 - 감자 - 마늘 - 당근
3. 소금 - 우유 - 버터 - 마가린 - 크림
4. 병 - 잔 - 그릇 - 국수 - 스푼
5. 식초 - 간장 - 고춧가루 - 쌀

Kleidung / Farben

Kleidungsstücke 의류 uiryu

속옷 sogot	Unterwäsche	티셔츠 tisyeocheu	T-Shirt
신발 sinbal	Schuhe	와이셔츠 waisyeocheu	Hemd
구두 gudu	Schuhe mit Absatz	스웨터 seuweteo	Pullover
운동화 undonghwa	Sportschuhe	코트 koteu	Mantel
블라우스 beullauseu	Bluse	스커트 seukeoteu	Rock
바지 baji	Hose	넥타이 nektai	Krawatte
모자 moja	Mütze	재킷 jaekit	Jacke
양말 yangmal	Socken	우비 ubi	Regenjacke
스타킹 seutaking	Strümpfe	양복 yangbok	Anzug

Größe 치수 chisu

크다 keuda	groß	작다 jakda	klein
길다 gilda	lang	짧다 jjalda	kurz
넓다 neolda	weit	좁다 jopda	eng

Stil 스타일 seutail

우아하다 uahada	elegant	멋있다 meonnitda	chic
현대적이다 hyeondaejeogida	modisch	스포티하다 seupotihada	sportlich

Farben und Muster 색과 무늬 saekgwa munui

하얀색 hayansaek	weiß	회색 hoesaek	grau
노란색 noransaek	gelb	빨간색 ppalgansaek	rot
검정색 geomjeongsaek	schwarz	갈색 galsaek	braun
파란색 paransaek	blau	녹색 noksaek	grün
분홍색 bunhongsaek	rosa	보라색 borasaek	violett
어두운 eoduun	dunkel	밝은 balgeun	hell
단색의 dansaekgui	einfarbig	다양한 색의 dayanghan saegui	bunt
격자무늬의 gyeokjamunuiui	kariert	물방울무늬의 mulbangulmunuiui	gepunktet

Verben

신다 sinda	anziehen (Schuhe, Socken)	벗다 beotda	ausziehen (Schuhe, Socken)
입다 ipda	sich anziehen	벗다 beotda	sich ausziehen
쓰다 sseuda	aufsetzen (Brille, Mütze)	벗다 beotda	absetzen (Brille, Mütze)
매다 maeda	binden (Krawatte)	풀다 pulda	abbinden (Krawatte)
입고 있다 ipgo itda	tragen	입어 보다 ibeo boda	anprobieren
맞다 matda	passt	안 맞다 an matda	passt nicht

W10

1 Lesen Sie die Umschreibungen. Welche Kleidungsstücke sind gemeint? Die Anzahl der Kästchen hilft Ihnen.

1. „Kleidungsstücke" für die Füße. 신발
2. Das ziehen Frauen an, es kann „mini" sein. 스커트
3. Vor langer Zeit durften es nur Männer anziehen. 양복
4. Das tragen viele Männer im Büro. 넥타이
5. Das trägt man auf dem Kopf. 모자
6. Das zieht man an wenn es kalt ist. 코트

2 Welche Wörter gehören zu welcher Kategorie? Schreiben Sie die vorgegebenen Wörter in die passende Spalte.

크다   우아하다   작다   파란색   멋있다   빨간색
녹색   좁다   스포티하다   갈색   길다   현대적이다

색 Farbe	스타일 Style	치수 Größe
파란색	우아하다	크다
빨간색	멋있다	작다
녹색	스포티하다	좁다
갈색	현대적이다	길다

3 Wie heißen diese Farben auf Koreanisch? Ordnen Sie zu.

1. schwarz E
2. rot G
3. blau F
4. gelb C
5. grün A
6. weiß B
7. grau D

A 녹색
B 하얀색
C 노란색
D 회색
E 검정색
F 파란색
G 빨간색

4 Schreiben Sie hinter diese Wörter ihren Gegensatz z.B. 넓다 - 좁다 (weit – eng).

1. 맞다 – 안 맞다
2. 좁다 – 넓다
3. 풀다 – 매다
4. 크다 – 작다
5. 입다 – 벗다
6. 길다 – 짧다
7. 쓰다 – 벗다

Wohnen

Wohnort 거주지 geojugi

호텔 hotel	Hotel	일층 집 ilcheung jip	einstöckiges Haus
집 jip	Haus	이층 집 icheung jip	zweistöckiges Haus
주택 jutaek	Eigenheim	아파트 apateu	Apartment
전세 jeonse	Kaution	월세 wolse	monatliche Miete
원룸 wonrum	Einzimmerwohnung	투룸 turum	Zweizimmerwohnung

In einem Gebäude 건물 안에 geonmul ane

주택 jutaek	Wohnung	차고 chago	Garage
층 cheung	Etage	계단 gyedan	Treppenhaus
일 층 il cheung	1. Etage	엘리베이터 ellibeiteo	Aufzug
이 층 i cheung	2. Etage	에스컬레이터 eseukeolleiteo	Rolltreppe
방 bang	Zimmer	지하실 jihasil	Keller

Zimmer 방 bang

발코니 balkoni	Balkon	화장실 hwajangsil	Toilette
작업실 jageopsil	Arbeitszimmer	아이 방 ai bang	Kinderzimmer
침실 chimsil	Schlafzimmer	부엌 bueok	Küche
거실 geosil	Wohnzimmer	욕실 yoksil	Badezimmer

In einem Zimmer 방 안에 bang ane

문 mun	Tür	창문 changmun	Fenster
바닥 badak	Boden	천장 cheonjang	Decke
구석 guseok	Ecke	벽 byeok	Wand
온돌 ondol	Fußbodenheizung	소켓 soket	Steckdose

Wohnungseinrichtung 주거시설 jugeosiseol

샤워 syawo	Dusche	목욕 mogyok	Baden
가구 gagu	Möbel	욕조 yokjo	Badewanne
안락의자 allaguija	Sessel	소파 sopa	Sofa
의자 uija	Stuhl	옷장 otjang	Kleiderschrank
컴퓨터 keomputeo	Computer	찬장 chanjang	Küchenschrank
전등 jeondeung	Lampe	책상 chaeksang	Schreibtisch
책장 chaekjang	Bücherregal	식탁 siktak	Esstisch
침대 chimdae	Bett	냉장고 naengjanggo	Kühlschrank
이불 ibul	Decke	텔레비전 tellebijeon	Fernseher
그림 geurim	Bild	커튼 keoteun	Vorhang
세면대 semyeondae	Waschbecken	거울 geoul	Spiegel
방석 bangseong	Sitzkissen	세탁기 setakgi	Waschmaschine

> Wenn man in Korea eine Wohnung bzw. ein Zimmer mietet, gibt es zwei verschiedene Zahlungsweisen: 전세 [jeonse] (Kaution) und 월세 [wolse] (Miete). Wenn man für einen bestimmten Zeitraum einen Mietvertrag abschließt, kann man statt der monatlichen Miete einmal eine hohe Kaution bezahlen.
>
> Für Studenten und Singles werden Einzimmerwohnungen 원룸 [wonrum] oder Zweizimmerwohnungen 투룸 [turum] besonders in den Universitätsvierteln angeboten.

W11

1 Welche Einrichtungsgegenstände können Sie normalerweise in einem Hotelzimmer finden? Vervollständigen Sie das Wortnetz.

호텔방 — 샤워, 전등, 세면대, 텔레비전, 이불, 창문, 온돌, 문

2 Wie heißen diese Zimmer bzw. Räume?

1. Das Zimmer, in dem Sie schlafen, heißt __침실__
2. Das Zimmer, in dem Sie kochen, heißt __부엌__
3. Der Raum, in dem Sie ein Auto abstellen, heißt __차고__
4. Das Zimmer, in dem Sie sich waschen, heißt __욕실__
5. Das Zimmer, in dem Ihre Kinder wohnen, heißt __아이방__
6. Das Zimmer, in dem Sie arbeiten, heißt __작업실__

3 Füllen Sie die Lücken in dieser Wohnungsbeschreibung aus.

발코니 주택 거실 옷장 침대 작업실 침실 책상 방

1. Unsere Wohnung hat drei Zimmer.   우리 __주택__ 에 __방__ 3개가 있어요.
2. Das Schlafzimmer ist klein.   __침실__ 이 작아요.
3. Nur das Bett und der Kleiderschrank passen hinein.   __침대__ 와 __옷장__ 만 들어가요.
4. Im Arbeitszimmer steht ein großer Schreibtisch.   __작업실__ 에 큰 __책상__ 이 있어요.
5. Das Wohnzimmer hat einen Balkon.   __거실__ 에 __발코니__ 가 있어요.

4 Was passt nicht in die Reihe? Markieren Sie.

1. 침실 - 화장실 - 부엌 - (창문)
2. (화장실) - 옷장 - 텔레비전 - 냉장고
3. (침대) - 호텔 - 집 - 아파트
4. 소파 - 의자 - 안락의자 - (이불)
5. (온돌) - 엘리베이터 - 계단 - 에스컬레이터

Wortschatz

Verkehr

Allgemein 일반 ilban

교통 gyotong	Verkehr	사거리 sageori	Kreuzung
벌금 beolgeum	Strafe	주차장 juchajang	Parkplatz
티켓 tiket	Ticket	정류장 jeongnyujang	Haltestelle
표 pyo	Fahrschein	교통표지판 gyotongpyojipan	Verkehrsschild
교통체증 gyotongchejeung	Stau	신호등 sinhodeung	Ampel
횡단보도 hoengdanbodo	Zebrastreifen	교통사고 gyotongsago	Verkehrsunfall

Straßen 길 gil

고속도로 gosokdoro	Autobahn	지름길 jireumgil	Schnellstraße
길 gil	Weg	우회로 uhoero	Umleitung
거리 geori	Straße	골목 golmok	Gasse
일방통행로 ilbangtonghaengro	Einbahnstraße		

Bahnhöfe 역 yeok

버스터미널 beoseuteomineol	Busbahnhof	항구 hanggu	Hafen
기차역 gichayeok	Bahnhof	공항 gonghang	Flughafen

Verkehrsmittel 교통수단 gyotongsudan

버스 beoseu	Bus	비행기 bihaenggi	Flugzeug
자동차 jadongcha	Auto	지하철 jihacheol	U-Bahn
차 cha	Auto (ugs.)	택시 taeksi	Taxi
자전거 jajeongeo	Fahrrad	기차 gicha	Zug
배 bae	Schiff	오토바이 otobai	Motorrad

Verkehrsteilnehmer 이용자 iyongja

운전사 unjeonsa	Fahrer	교통경찰 gyotonggyeongchal	Verkehrspolizist
승객 seunggaek	Passagier	보행자 bohaengja	Fußgänger

Verben

타다 tada	fahren	멈추다 meomchuda	anhalten
도착하다 dochakhada	ankommen	건너다 geonneoda	überqueren
떠나다 tteonada	wegfahren	갈아타다 garatada	umsteigen
출발하다 chulbalhada	losfahren	내리다 naerida	aussteigen aus
들어가다 deureogada	hereinfahren	타다 tada	einsteigen in
서다 seoda	stehen	나가다 nagada	herausfahren
방향을 바꾸다 banghyangeul bakkuda	abbiegen	차를 주차하다 chareul juchahada	ein Auto parken
운전하다 unjeonhada	Auto fahren	택시를 부르다 taeksireul bureuda	ein Taxi rufen

W12

1 Sie fahren mit dem Bus. Welches koreanische Wort würden Sie für das jeweilige deutsche Wort in Klammern benutzen? Ergänzen Sie.

> 벌금   정류장   멈추다   운전사   내리다   표   타다

1. Bevor man losfährt, kauft man eine (Fahrkarte) _____, sonst muss man eine (Strafe) _____ zahlen.
2. Dann wartet man an einer (Haltestelle) _____.
3. Wenn der Bus ankommt, kann man (einsteigen) _____.
4. Oft muss man das Ticket (dem Fahrer) _____ zeigen.
5. Wenn der Bus an der gewünschten Haltestelle (anhält) _____, darf man (aussteigen) _____.

2 Kreuzen Sie an.

1. Wo startet eine Flugreise?
   - A ☐ 버스터미널
   - B ☐ 공항
   - C ☐ 기차역

2. Wo parken Sie ein Auto?
   - A ☐ 횡단보도
   - B ☐ 사거리
   - C ☐ 주차장

3. Wer fährt einen Bus?
   - A ☐ 승객
   - B ☐ 교통경찰
   - C ☐ 버스운전사

4. Was tun Sie an einer roten Ampel?
   - A ☐ 타다
   - B ☐ 멈추다
   - C ☐ 방향을 바꾸다

3 Welches ist das schnellste Verkehrsmittel und welches das langsamste? Nummerieren Sie.

☐ 차   ☐ 자전거   ☐ 비행기   ☐ 기차   ☐ 버스

4 Welche Substantive können mit welchem Verb sinngemäß kombiniert werden? Benutzen Sie jedes Verb nur einmal.

1. 택시
2. 비행기
3. 주차장
4. 횡단보도

A 주차하다
B 타다
C 건너다
D 부르다

Wortschatz

45

Körper / Hygiene / Gesundheit

Körper 몸 mom

눈 nun	Augen	코 ko	Nase
눈섭 nunseop	Augenbrauen	피부 pibu	Haut
귀 gwi	Ohren	어깨 eokkae	Schultern
입 ip	Mund	이 i	Zähne
발 bal	Füße	발가락 balgarak	Zeh
허리 heori	Rücken	배 bae	Bauch
손바닥 sonbadak	Handflächen	손가락 songarak	Finger
머리 meori	Kopf	손 son	Hände
목 mok	Hals	머리카락 meorikarak	Haare
다리 dari	Beine	팔 pal	Arme
가슴 gaseum	Brust	엉덩이 eongdeongi	Hintern
입술 ipsul	Lippen	얼굴 eolgul	Gesicht

Körperpflege 신체 위생 sinchewisaeng

샤워하다 syawohada	duschen	샤워크림 syawokeurim	Duschgel
씻다 ssitda	sich waschen	샴푸 syampu	Shampoo
면도하다 myeondohada	sich rasieren	린스 rinseu	Haarspülung
물을 닦다 mureul dakda	sich abtrocknen	비누 binu	Seife
머리를 감다 meorireul gamda	Haare waschen	면도기 myeondogi	Rasierapparat
머리를 빗다 meorireul bitda	sich kämmen	수건 sugeon	Handtuch
크림을 바르다 keurimeul bareuda	eincremen	머리 빗 meori bit	Kamm
이를 닦다 ireul dakda	Zähne putzen	크림 keurim	Creme
목욕하다 mogyokhada	baden	치약 chiyak	Zahnpasta
세수하다 sesuhada	Gesicht waschen	칫솔 chitsol	Zahnbürste
		스프레이 seupeurei	Spray

Gesundheit 건강 geongang

아프다 apeuda	krank sein	열이 있다 yeori itda	Fieber haben
건강하다 geonganghada	gesund sein	설사를 하다 seolsareul hada	Durchfall haben
약 yak	Medizin	알약 aryak	Tablette
물약 muryak	Tropfen	복용하다 bogyonghada	einnehmen
땀이 나다 ttami nada	schwitzen	고통 gotong	Schmerz
감기 gamgi	Erkältung	변비 byeonbi	Verstopfung
화상을 입다 hwasangeul ipda	sich verbrennen	구토하다 gutohada	sich übergeben / erbrechen

1 Wenn Ihnen etwas weh tut, nennen Sie das entsprechende Körperteil und hängen 아파요 an. Vervollständigen Sie die Sätze.

배   머리   가슴   이   귀   목

1. __머리__ 아파요. (Kopf)
2. __이__ 아파요. (Zahn)
3. __목__ 아파요. (Hals)
4. __가슴__ 아파요. (Brust)
5. __배__ 아파요. (Bauch)
6. __귀__ 아파요. (Ohr)

2 Welche dieser Körperteile gehören zum Gesicht (얼굴) und welche zum übrigen Körper (몸)?

발   어깨   눈   코   입   손가락   다리   이   팔

얼굴	몸
눈, 코, 입, 이,	발 다리 어깨 팔 손가락

3 Welche Körperteile kommen nacheinander, wenn man den menschlichen Körper von oben nach unten betrachtet? Ordnen Sie zu.

배   눈   어깨   머리카락   목   다리   가슴   발

1. __머리카락__
2. __눈__
3. __목__
4. __어깨__
5. __가슴__
6. __배__
7. __다리__
8. __발__

4 Welche Artikel der Körperhygiene benutzt man wofür? Verbinden Sie.

1. 이를 닦다 __E__
2. 세수하다 __F__
3. 물을 닦다 __G__
4. 면도하다 __B__
5. 머리를 빗다 __C__
6. 샤워하다 __A__
7. 머리를 감다 __D__

A 샤워크림
B 면도기
C 머리빗
D 샴푸
E 칫솔
F 비누
G 수건

Verbenmix

Gefühle 감정 gamjeong

사랑하다 saranghada	lieben	좋아하다 joahada	mögen
미워하다 miwohada	hassen	느끼다 neukkida	fühlen

Sinne 감각 gamgak

듣다 deutda	hören	보다 boda	sehen
경청하다 gyeongcheonghada	zuhören	바라보다 baraboda	schauen
만지다 manjida	anfassen	냄새 나다 naemsae nada	riechen

Alltagsaktivitäten 일상생활 ilsangsaenghwal

일하다 ilhada	arbeiten	일어나다 ireonada	aufstehen
쉬다 swida	sich ausruhen	자다 jada	schlafen

Bewegung 동작 dongjak

오다 oda	herkommen	들다 deulda	tragen
뛰다 ttwida	laufen	앉아 있다 anja itda	sitzen
가다 gada	gehen	앉다 anda	sich setzen
눕다 nupda	liegen	일어나다 ireonada	aufstehen

Sprache 말 mal

대답하다 daedaphada	antworten	말하다 malhada	etwas sagen
말하다 malhada	sprechen	설명하다 seolmyeonghada	erklären
물어보다 mureoboda	fragen	침묵하다 chimmukhada	schweigen

Geistige Aktivitäten 사고 sago

생각하다 saenggakhada	denken	쓰다 sseuda	schreiben
의미하다 uimihada	meinen	읽다 ikda	lesen
공부하다 gongbuhada	lernen	이해하다 ihaehada	verstehen
모르다 moreuda	nicht wissen	알다 alda	wissen
잊어버리다 ijeobeorida	vergessen		

Gemischt 기타 gita

이다 ida	sein	아니다 anida	nicht sein
살다 salda	leben, wohnen	... 고 싶다 go sipda	wollen
이사하다 isahada	umziehen	... 야 하다 ya hada	müssen
도와주다 dowajuda	helfen	... 수 있다 eul su itda	können
끝내다 kkeunnaeda	beenden	시작하다 sijakhada	anfangen
찾다 chatda	suchen	경험하다 gyeongheomhada	erfahren
울다 ulda	weinen	웃다 utda	lachen

W14

1 Ergänzen Sie die Verben mit der entgegengesetzten Bedeutung.

> 쉬다   사랑하다   끝내다   모르다
> 대답하다   눕다   울다   오다

1. 알다 - 모르다
2. 물어보다 - _____
3. 시작하다 - 끝내다
4. 미워하다 - 사랑하다
5. 일어나다 - _____
6. 일하다 - 쉬다
7. 가다 - _____
8. 웃다 - 울다

2 Falls Sie diese Sätze auf Koreanisch formulieren müssten, welches Verb würden Sie nehmen? Ordnen Sie die Infinitive zu.

> 이해하다   가다   도와주다   일하다   하다   보다   사랑하다   찾다

1. Andreas *liebt* seine Frau. — 사랑하다
2. Susanne *hilft* ihrer Mutter. — 도와주다
3. Karin *sucht* ihren neuen Rock. — 찾다
4. Thomas *arbeitet* den ganzen Tag lang. — 일하다
5. Ich *sehe* dich. — 보다
6. Wo *gehst* du hin? — 가다
7. Ich *verstehe* dich gut. — 이해하다
8. Was *machst* du gerade? — 하다

3 Finden Sie die folgende Verben im Suchgitter: arbeiten, fragen, suchen, sitzen, laufen, meinen, schauen, schweigen, sich ausruhen, sich setzen, wissen, sein – natürlich auf Koreanisch. Alle Suchrichtungen sind möglich!

Wortschatz

49

Partikel: Nominativ / Akkusativ

Nomen / Partikel

Nomen werden in einem Satz als Subjekt oder Objekt verwendet. Im Koreanischen fügt man direkt hinter dem Nomen Partikel an, um den Kasus zu bilden. Dabei kann es wie in diesem Kapitel bei Nominativ und Akkusativ eine Rolle spielen, ob das Nomen auf einen Vokal (Nvok) oder einen Konsonanten (Nkons) endet.

Nominativ-Partikel 이/가

Das Subjekt oder der Nominativ wird gebildet, indem an das Nomen 이/가 angehängt wird.

Nomen mit vokalischem Auslaut (Nvok) + 가

Nvok	Nvok + 가			
친구	친구 + 가	친구가	*chinguga*	der Freund
아이	아이 + 가	아이가	*aiga*	das Kind

Nomen mit konsonantischem Auslaut (Nkon) + 이

Nkons	Nkon + 이			
학생	학생 + 이	학생이	*haksaengi*	der Schüler
사람	사람 + 이	사람이	*sarami*	der Mensch

    가   이

친구가 와요.   Der/ein Freund kommt.   한국사람이 가요   Der/ein Koreaner geht.
chinguga wayo   *hanguksarami gayo*

날씨가 좋아요   Das Wetter ist gut.   눈이 와요.   Es schneit. (wörtl.: Der
nalssiga joayo   *nuni wayo*   Schnee kommt.)

Akkusativ-Partikel 을/를

Das Objekt oder der Akkusativ wird gebildet, indem an das Nomen 을/를 angehängt wird.

Nomen mit vokalischem Auslaut (Nvok) + 를

Nvok	Nvok + 를			
친구	친구 + 를	친구를	*chingureul*	den Freund
김치	김치 + 를	김치를	*gimchireul*	die Gimchi

Nomen mit konsonantischem Auslaut (Nkon) + 을

Nkons	Nkon + 을			
물	물 + 을	물을	*mureul*	das Wasser
가방	가방 + 을	가방을	*gabangeul*	die Tasche

    를   을

영화를 봐요.   Ich sehe einen Film.   밥을 먹어요.   Ich esse Reis.
yeonghwareul bwayo   *babeul meogeoyo*

친구를 만납니다.   Ich treffe einen Freund.   음악을 듣습니다.   Ich höre Musik.
chingureul mannamnida   *eumakeul deutseumnida*

G1

1 Bilden Sie einen Satz.

1. 친구 (Freund)
2. 물 (Wasser)
3. 김치 (Gimchi)
4. 서울 (Seoul)
5. 쇼핑 (Shopping)
6. 편지 (Brief)
7. 텔레비전 (Fernseher)

A 이
B 가
C 을
D 를

a 봐요. (sehen)
b 만나요. (treffen)
c 맛있어요. (gut schmecken)
d 써요. (schreiben)
e 사요. (kaufen)
f 해요. (machen)
g 커요. (groß sein)

2 Finden Sie im Satz die Partikeln und markieren Sie sie bitte.

z.B.: 맥주(를) 마셔요.

1. 갈비(가) 맛있지만 비싸요. Galbi ist lecker aber teuer.
2. 친구(가) 옵니다. Der Freund kommt.
3. 커피(를) 많이 마셔요. Ich trinke viel Kaffee
4. 음악(을) 듣습니다. Ich höre Musik.
5. 토마스(가) 한국어(를) 잘 합니다. Thomas spricht gut Koreanisch.
6. 비(가) 와요. Es regnet. (wörtl.: Der Regen kommt.)
7. 텔레비전(을) 봐요. Ich sehe fern.
8. 바나나(가) 싸요. Bananen sind billig.
9. 편지(를) 써요. Ich schreibe einen Brief.
10. 날씨(가) 좋아요. Das Wetter ist gut.

3 Ergänzen Sie mit den angegebenen Partikeln.

| 이 | 가 | 을 | 를 |

1. 비 _가_ 와요. Regen kommt. (Es regnet.)
2. 바나나 _를_ 사요. Ich kaufe Bananen.
3. 한국어 _가_ 재미있어요. Koreanisch ist interessant.
4. 친구 _가_ 갈비 _를_ 좋아해요. Der Freund mag Galbi.
5. 우유 _를_ 마셔요. Ich trinke Milch.
6. 빵 _이_ 비싸요. Das Brot ist teuer.
7. 토마스 _가_ 노래 _를_ 해요. Thomas singt ein Lied.
8. 머리 _가_ 아파요. Der Kopf tut weh.
9. 한국 _이_ 좋아요. Korea ist gut.
10. 선생님 _이_ 차 _를_ 마셔요. Der Lehrer trinkt Tee.

Grammatik

Partikel: Themapartikel / Partikel für „und"

Themapartikel 은/는

Die Partikel 은/는 [eun/neun] betont meistens ein Subjekt. Sie ersetzt 이/가 und markiert das Thema des Satzes. Ausführlich kann man das mit „Was … anbelangt" übersetzen. Auch die Akkusativ-Partikel 을/를 kann man zur Betonung durch 은/는 ersetzen.

Nomen mit vokalischem Auslaut (Nvok) + 는

Nvok	Nvok + 는			
친구	친구 + 는	친구는	chinguneun	der Freund
아이	아이 + 는	아이는	aineun	das Kind

Nomen mit konsonantischem Auslaut (Nkon) + 은

Nkons	Nkon + 은			
학생	학생 + 은	학생은	haksaengeun	der Schüler
사람	사람 + 은	사람은	sarameun	der Mensch

는

불고기는 먹어요.
bulgogineun meogeoyo
Was Bulgogi anbelangt, esse ich (es).

김치는 안 먹어요.
gimchineun an meogeoyo
Was Gimchi anbelangt, esse ich (es) nicht.

은

한국사람은 밥을 먹어요.
hanguksarameun babeul meogeoyo
Was Koreaner anbelangt, essen sie Reis.

독일사람은 빵을 먹어요.
dogilsarameun ppangeul meogeoyo
Was Deutsche anbelangt, essen sie Brot.

Partikel „und" 와 / 과

Die Partikel 와/과 [wa/gwa] verknüpft in der Schriftsprache zwei oder mehrere Nomen und wird als „und" übersetzt. An vokalisch auslautende Nomen wird 와 und an konsonantisch auslautende Nomen 과 angehängt. In der gesprochenen Sprache wird unabhängig vom Auslautkonsonanten die Partikel 하고 [hago] verwendet.

Nomen mit vokalischem Auslaut (Nvok) + 와

Nvok	Nvok + 와			
친구	친구 + 와	친구와	chinguwa	der Freund und
아이	아이 + 와	아이와	aiwa	das Kind und

Nomen mit konsonantischem Auslaut (Nkon) + 과

Nkons	Nkon + 과			
학생	학생 + 과	학생과	haksaenggwa	der Schüler und
사람	사람 + 과	사람과	saramgwa	der Mensch und

와

사과와 바나나가 있어요.
sagwawa bananaga isseoyo
Es gibt Äpfel und Bananen.

김치와 불고기를 좋아해요.
gimchiwa bulgogireul joahaeyo
Ich mag Gimchi und Bibimbap.

과

부산과 대구에 갑니다.
busangwa daegue gamnida
Ich fahre nach Busan und Daegu.

빵과 우유를 삽니다.
ppanggwa uyureul samnida
Ich kaufe Brot und Milch.

G2

1 Was ist falsch?

1. Der Freund wohnt in Seoul.
   - A ☐ 친구는 서울에 살아요.
   - B ☐ 친구가 서울에 살아요.
   - C ☒ 친구이 서울에 살아요.

2. Bananen und Äpfel sind billig.
   - A ☐ 바나나하고 사과는 싸요.
   - B ☒ 바나나과 사과를 싸요.
   - C ☐ 바나나와 사과가 싸요.

3. Ich esse Brot und Käse nicht.
   - A ☒ 빵과 치즈는 안 먹어요.
   - B ☐ 빵하고 치즈를 안 먹어요.
   - C ☒ 빵하고 치즈은 안 먹어요.

4. Ich habe keine Zeit.
   - A ☒ 시간과 있어요.
   - B ☐ 시간은 없어요.
   - C ☐ 시간이 없어요.

5. Ich mag Kaffee nicht.
   - A ☐ 커피는 안 좋아해요.
   - B ☐ 커피를 안 좋아해요.
   - C ☒ 커피과 안 좋아해요.

2 Setzen Sie die passenden Partikel ein.

| 은/는   와/과 |

1. 저__는__ 한국사람입니다. Ich bin Koreaner.
2. 치즈__는__ 안 좋아해요. Ich mag Käse nicht.
3. 커피__와__ 콜라__는__ 안 마셔요. Ich trinke keinen Kaffee und keine Cola.
4. 꽃__은__ 사고 책__은__ 안 샀어요. Ich kaufte Blumen aber kein Buch.
5. 친구__와__ 저__는__ 공부해요. Mein Freund und ich lernen.
6. 과일__은__ 비싸요. 바나나__는__ 싸요. Obst ist teuer. Bananen sind billig.
7. 여자__는__ 있어요. 남자__는__ 없어요. Frauen sind da. Männer sind nicht da.
8. 비빔밥__과__ 갈비__는__ 맛있어요. Bibimbap und Galbi schmecken gut.
9. 서울__과__ 부산__은__ 커요. Seoul und Busan sind groß.
10. 축구__는__ 좋아해요. Ich mag Fußball.

Partikel: „auch" / „nur"

Partikel 도

Die Partikel 도 [do] wird an Nomen angehängt und bedeutet „auch".

Nomen + 도

N	N + 도			
친구	친구 + 도	친구도	chingudo	der Freund auch
아이	아이 + 도	아이도	aido	das Kind auch
학생	학생 + 도	학생도	haksaengdo	der Schüler auch
사람	사람 + 도	사람도	saramdo	der Mensch auch

친구가 김치를 먹어요.
chinguga gimchireul meokeoyo
Der Freund isst Gimchi.

저도 김치를 먹어요.
jeodo gimchireul meokeoyo
Auch ich esse Gimchi.

서울은 커요.
seouleun keoyo
Seoul ist groß.

베를린도 커요.
bereulindo keoyo
Berlin ist auch groß.

김치를 좋아합니다.
gimchireul joahamnida
Ich mag Gimchi.

불고기도 좋아합니다.
bulgogido joahamnida
Ich mag auch Bulgogi.

카메라를 사고 싶어요.
kamerareul sago sipeoyo
Ich möchte eine Kamera kaufen.

책도 사고 싶어요.
chaekdo sago sipeoyo
Ich möchte auch ein Buch kaufen.

Partikel 만

Die Partikel 만 [man] wird an Nomen angehängt und bedeutet „nur".

Nomen + 만

N	N + 만			
친구	친구 + 만	친구만	chinguman	der Freund nur
아이	아이 + 만	아이만	aiman	das Kind nur
학생	학생 + 만	학생만	haksaengman	der Schüler nur
사람	사람 + 만	사람만	saramman	der Mensch nur

친구가 김치를 먹어요.
chinguga gimchireul meokeoyo
Der Freund isst Gimchi.

친구만 김치를 먹어요.
chinguman gimchireul meokeoyo
Nur der Freund isst Gimchi.

서울은 커요.
seouleun keoyo
Seoul ist groß.

서울만 커요.
seoulman keoyo
Nur Seoul ist groß.

불고기를 좋아합니다.
bulgogireul joahamnida
Ich mag Bulgogi.

불고기만 좋아합니다.
bulgogiman joahamnida
Ich mag nur Bulgogi.

커피를 마셔요.
keopireul masyeoyo
Ich trinke Kaffee.

커피만 마셔요.
keopaman masyeoyo
Ich trinke nur Kaffee.

1 Ergänzen Sie entweder mit 도 oder 만.

1. 친구가 책을 사요. 저____도____ 사요.
   Der Freund kauft ein Buch. Ich kaufe auch eines.
2. 일본어하고 중국어는 안 배워요. 한국어____만____ 배워요.
   Ich lerne nicht Japanisch und Chinesisch. Ich lerne nur Koreanisch.
3. 주말에 쇼핑을 해요. 운동____도____ 해요.
   Am Wochenende kaufe ich ein. Ich mache auch Sport.
4. 편지는 안 써요. 전화____만____ 해요.
   Ich schreibe keinen Brief. Ich telefoniere nur.
5. 봄이 좋아요. 가을____도____ 좋아요.
   Der Frühling ist schön. Der Herbst ist auch schön.
6. 모두 한국사람이에요. 저____만____ 독일사람이에요.
   Alle sind Koreaner. Nur ich bin Deutscher.
7. 김치를 좋아해요. 갈비____도____ 좋아해요.
   Ich mag Gimchi. Ich mag auch Galbi.

2 Ergänzen Sie bitte den Dialog. Zum Beispiel:

F: 차를 마셔요?
Trinken Sie Tee?

A: 네, 마셔요.
Ja, ich trinke Tee.

F: 커피도 마셔요?
Trinken Sie auch Kaffee?

A: 아니오, 차만 마셔요.
Nein, ich trinke nur Tee.

1. F: 오늘 친구를 만나요?
   Treffen Sie heute einen Freund?

   A: 예, 만나요.
   Ja, ich treffe ihn.

   F: 선생님____도____ 만나요?
   Treffen Sie auch den Lehrer?

   A: 아니오, 친구____만____ 만나요.
   Nein, ich treffe nur den Freund.

2. F: 바나나를 샀어요?
   Haben Sie Bananen gekauft?

   A: 예, 샀어요.
   Ja, ich habe sie gekauft.

   F: 키위____도____ 샀어요?
   Haben Sie auch Kiwi gekauft?

   A: 아니오, 바나나____만____ 샀어요.
   Nein, ich habe nur Bananen gekauft.

3. F: 내일 영화 봐요?
   Sehen Sie sich morgen einen Film an?

   A: 네, 봐요.
   Ja, ich sehe mir einen an.

   F: 운동____도____ 해요?
   Machen Sie auch Sport?

   A: 아니오, 영화____만____ 봐요.
   Nein, ich sehe mir nur den Film an.

4. F: 맥주를 마셔요?
   Trinken Sie Bier?

   A: 네, 마셔요.
   Ja, trinke ich.

   F: 소주____도____ 좋아해요?
   Trinken Sie auch Schnaps?

   A: 아니오, 맥주____만____ 마셔요.
   Nein, ich trinke nur Bier.

5. F: 수영을 해요?
   Schwimmen Sie?

   A: 네, 해요.
   Ja, ich schwimme.

   F: 축구____도____ 해요?
   Spielen Sie auch Fußball?

   A: 아니오, 수영____만____ 해요.
   Nein, ich schwimme nur.

Partikel: Genitiv / Dativ

Genitiv-Partikel

Die Partikel 의 [ui] wird an das Nomen angehängt und zeigt Zugehörigkeit oder Besitz an. In der gesprochenen Sprache wird die Partikel 의 meistens weggelassen.

Nomen + 의

Nomen	N + 의			
친구	친구 + 의	친구(의) 책	chinguui chaek	das Buch des Freundes
아이	아이 + 의	아이(의) 책	aiui chaek	das Buch des Kindes
한국	한국 + 의	한국(의) 날씨	hangugui nalssi	das Wetter Koreas
독일	독일 + 의	독일(의) 날씨	dogirui nalssi	das Wetter Deutschlands

남한의 수도는 무엇입니까?
namhanui sudoneun mueonnimnikka
Was ist die Hauptstadt Südkoreas?

서울입니다.
seoulimnida
Es ist Seoul.

누구의 가방입니까?
nuguui gabangimnikka
Wessen Tasche ist das?

친구의 가방입니다.
chinguui gabangimnida
Es ist die Tasche eines Freundes.

직업이 무엇입니까?
jigeobi muoennimnikka
Was sind Sie von Beruf?

제(저의) 직업은 선생입니다.
je jigeobeun seonsaengimnida
Mein Beruf ist Lehrer.

Achtung! 제 [je] ist die Verschleifung von 저의 mein(e) 제 동생 mein Bruder
내 [nae] ist die Verschleifung von 나의 mein(e) 내 가방 meine Tasche

Dativ-Partikel

Die Partikel 에게 / 한테 [ege/hante] wird an das Nomen angehängt und kann auf Deutsch als Dativ „jemandem, an / für jemanden" übersetzt werden. Die Partikel 한테 wird meist in der gesprochenen Sprache und besonders für Tiere verwendet. Die Honorativform lautet 께 [kke].

Nomen + 에게 / 한테 (bei Personen)

Nomen	N + 에게 / 한테			
친구	친구 + 에게	친구에게	chinguege	dem Freund
아이	아이 + 에게	아이에게	aiege	dem Kind
사람	사람 + 한테	사람한테	saramhante	dem Menschen
학생	학생 + 한테	학생한테	haksaenghante	dem Schüler

Nomen + 한테 (bei Tieren)

Nomen	N + 한테			
개	개 + 한테	개한테	gaehante	dem Hund
고양이	고양이 + 한테	고양이한테	goyangihante	der Katze

Nomen + 께 (Honorativ)

Nomen	N + 께			
아버지	아버지 + 께	아버지께	abeojikke	dem Vater
어머니	어머니 + 께	어머니께	eomeonikke	der Mutter

1 Ordnen Sie bitte zu.

어머니 Mutter	아버지 Vater	동생 Bruder	언니 Schwester
할머니 Großmutter	선생님 Lehrer	옷 Kleidung	넥타이 Krawatte
가방 Tasche	집 Haus	핸드폰 Handy	시계 Uhr

z.B.: Ich lese (das Buch des Freundes): 친구의 책을 읽어요.

1. (Die Tasche der Mutter) ist nicht da: __어머니의 가방__ 이 없어요.
2. Ich kaufe (die Krawatte des Vaters): __아버지의 넥타이__ 를 사요.
3. (Das Handy meiner Schwester) ist teuer: 제 __언니의 핸드폰__ 이 비싸요.
4. Das ist (meines Bruders Kleidung): 이것은 제 __동생의 옷__ 이에요.
5. Ich gehe (in Großmutters Haus): __할머니의 집__ 에 가요.
6. (Die Uhr des Lehrers) ist gut: __선생님의 시계__ 가 좋아요.

2 Füllen Sie bitte mit 에게, 한테, 께 aus.

| 에게 | 한테 | 께 |

1. 어머니__께__ 편지를 써요. Ich schreibe der Mutter einen Brief.
2. 친구__에__ 선물을 해요. Ich mache meinem Freund ein Geschenk.
3. 이 옷은 저__에__ 너무 커요. Diese Kleidung ist für mich zu groß.
4. 친구__에__ 전화해요. Ich rufe für meinen Freund an.
5. 고양이__한테__ 우유를 줘요. Ich gebe der Katze Milch.
6. 선생님__께__ 가요. Ich gehe zum Lehrer.
7. 김치는 독일사람__한테__ 좀 매워요. Gimchi ist für Deutsche ein bisschen scharf.
8. 개__한테__ 물을 주세요. Geben Sie dem Hund Wasser.

3 Markieren Sie den richtigen Satz.

1. Ich schreibe meinem Freund eine E-Mail.
   - A ☒ 친구한테 이메일을 써요.
   - B ☐ 친구께 이메일을 써요.
   - C ☐ 친구의 이메일을 써요.

2. Ich gebe dem Hund Fleisch.
   - A ☐ 개께 고기를 줘요.
   - B ☒ 개한테 고기를 줘요.
   - C ☐ 개에게 고기를 줘요.

3. Es ist für die Großmutter klein.
   - A ☐ 할머니가 작아요.
   - B ☐ 할머니의 작아요.
   - C ☒ 할머니께 작아요.

Grammatik

Partikel: Ortsangabe / Zeitangabe

Partikel 에

Die Partikel 에 wird an das Nomen angehängt und funktioniert als Ortsangabe, Richtungsangabe und Zeitangabe.

Ort des Befindens Nomen + 에

Nomen	N + 에			
회사	회사 + 에	회사에	hoesae	in der Firma
식당	식당 + 에	독일에	dogire	in Deutschland

F: 집이 어디에 있어요? Wo ist das Haus? A: 서울에 있어요. Es ist in Seoul.
jibi eodie isseoyo   seoule isseoyo

Richtungsangabe Nomen + 에

Nomen	N + 에			
서울	서울 + 에	서울에	seoule	nach Seoul
베를린	베를린 + 에	베를린에	berelline	nach Berlin

F: 어디에 가요? Wohin gehen Sie? A: 회사에 가요. Ich gehe in die Firma.
eodie gayo   hoesae gayo

Zeitangabe Nomen + 에

Nomen	N + 에			
아침	아침 + 에	아침에	achime	morgens
2006년	2006년 + 에	2006년에	icheonnyungnyone	im Jahr 2006

F: 몇 시에 자요? Wann schlafen Sie? A: 열 한시에 자요. Um 11 Uhr schlafe ich.
myeotsie jayo   yeol hansie jayo

Partikel 에서

Die Partikel 에서 wird an das Nomen angehängt und markiert den Ort der Handlung oder des Ursprungs.

Ort der Handlung Nomen + 에서

Nomen	N + 에서			
회사	회사 + 에서	회사에서	hoesaeseo	in der Firma
백화점	백화점 + 에서	백화점에서	baekhwajeomeseo	im Kaufhaus

F: 어디에서 일해요? Wo arbeiten Sie? A: 서울에서 일해요. Ich arbeite in Seoul.
eodieseo ilhaeyo   seouleseo ilhaeyo

Ort des Ursprungs Nomen + 에서

Nomen	N + 에서			
한국	한국 + 에서	한국에서	hangugeseo	aus Korea
독일	독일 + 에서	독일에서	dogireseo	aus Deutschland

F: 어디에서 오셨어요? Woher kommen Sie? A: 독일에서 왔어요. Ich komme aus Deutschland.
eodieseo osyeoseoyo   dogireseo waseoyo

1 Ergänzen Sie mit 에 oder 에서.

1. 조선호텔이 어디_에_ 있어요?
   Wo ist das Hotel Joseon?

2. 학교_에서_ 친구를 만나요.
   In der Schule treffe ich einen Freund.

3. 2006년_에_ 독일_에_ 가요.
   Im Jahr 2006 gehe ich nach Deutschland.

4. 저는 부산_에서_ 왔어요.
   Ich komme aus Busan.
   (wörtl.: Ich bin aus Busan gekommen)

5. 시장_에서_ 쇼핑해요.
   Auf dem Markt kaufe ich ein.

6. 몇 시_에_ 점심을 먹어요?
   Um wieviel Uhr essen Sie Mittag?

7. 독일_에서_ 왔어요?
   Kommen Sie aus Deutschland?
   (wörtl.: Sind Sie aus Deutschland gekommen?)

8. 어디_에_ 가요?
   Wohin gehen Sie?

9. 카메라를 어디_에서_ 사요?
   Wo kaufen Sie die Kamera?

10. 한국_에_ 친구가 많이 있어요.
    In Korea habe ich (wörtl.: gibt es) viele Freunde.

2 Bitte füllen Sie mit 에 oder 에서 aus.

일곱 시 1._에_ 일어나요. 집 2._에서_ 아침을 먹어요.

Ich stehe um 7 Uhr auf. Zu Hause frühstücke ich.

날씨가 좋아요. 동생과 함께 북한산 3._에_ 가요.

Das Wetter ist schön. Mit dem Bruder gehe ich auf den Berg Bukhan.

북한산 4._에_ 사람들이 많이 있어요. 거기 5._에서_ 예쁜 꽃도 봐요.

Auf dem Berg sind viele Menschen. Dort sehe ich auch hübsche Blumen.

점심 6._에_ 김밥을 먹어요. 아주 맛있어요.

Zu Mittag esse ich Gimbap. Es ist sehr lecker.

저녁 다섯 시 7._에_ 산 8._에서_ 내려와요. 한국식당 9._에_ 가요.

Um 5 Uhr abends kommen wir vom Berg herunter. Wir gehen ins koreanische Restaurant.

배가 많이 고파요. 한국식당 10._에서_ 비빔밥을 먹어요.

Ich bin sehr hungrig. Im koreanischen Restaurant esse ich Bibimbap.

저녁 일곱 시 11._에_ 명동 12._에서_ 친구를 만나요.

Um 7 Uhr abends treffe ich einen Freund in Myeongdong.

친구와 함께 노래방 13._에_ 가요. 노래방에서 노래를 많이 해요.

Mit dem Freund gehe ich ins Noraebang. Im Noraebang singe ich viel.

오늘 14._에_ 재미있어요.

Heute ist ein interessanter Tag.

> Das Wort 노래방 Noraebang ist aus 노래 (Lied) und 방 (Zimmer) zusammengesetzt. Es entspricht einem Karaokeraum. Koreaner gehen gern ins Noraebang, um zu singen und sich mit Freunden zu amüsieren.

Komparativ / Superlativ

Komparativ

Der Komparativ wird gebildet, indem an das Objekt, mit dem verglichen wird, 보다 [boda] angehängt wird. 보다 entspricht dem deutschen „als". Der Vergleich kann mit einem darauf folgenden 더 [deo] verstärkt werden.

Nomen + 보다

버스가 택시보다 빨라요.
beoseuga taeksiboda ppallayo
Das Taxi ist schneller als der Bus.

빵보다 밥을 더 좋아해요.
ppangboda babeul deo joahaeyo
Ich mag Reis lieber als Brot.

딸기가 바나나보다 더 비쌉니다.
ttalgiga bananaboda deo bissamnida
Erdbeeren sind teurer als Bananen.

F: 누가 더 커요?
nuga deo keoyo
Wer ist größer?

A: 저보다 동생이 더 커요.
jeoboda dongsaei deo keoyo
Mein Bruder ist größer als ich.

F: 야구를 좋아해요?
yagureul joahaeyo
Mögen Sie Baseball?

A: 야구보다 축구를 더 좋아해요.
yaguboda chukgureul deo joahaeyo
Ich mag Fußball lieber als Baseball.

F: 8월을 좋아해요?
parworeul joahaeyo
Mögen Sie den August?

A: 8월보다 9월을 더 좋아해요.
parwolboda guworeul deo joahaeyo
Ich mag den September lieber als den August.

Superlativ

Der Superlativ wird gebildet, indem man entweder 가장 [gajang] oder 제일 [jeil] vor dem entsprechenden Verb verwendet.

가장 / 제일 **+ Verb**

김치가 가장 맛있어요.   *gimchiga gajang masiseoyo*   Gimchi schmeckt am besten.
치즈가 제일 비싸요.   *chijeuga jeil bissayo*   Der Käse ist am teuersten.
수영을 제일 좋아해요.   *suyeongeul jeil joahaeyo*   Ich mag Schwimmen am liebsten.

F: 무엇이 가장 빨라요?
mueosi gajang ppallayo
Was ist am schnellsten?

A: 비행기가 가장 빨라요.
bihaenggiga gajang ppallayo
Das Flugzeug ist am schnellsten.

F: 언제 제일 추워요?
eonje jeil chuwoyo
Wann ist es am kältesten?

A: 1월이 제일 추워요.
irwoli jeil chuwoyo
Im Januar ist es am kältesten.

F: 누가 제일 작아요?
nuga jeil jagayo
Wer ist am kleinsten?

A: 언니가 제일 작아요.
eonniga jeil jagayo
Meine Schwester ist am kleinsten.

1 Vergleichen Sie die Gegenstände.

> 택시 Taxi   버스 Bus   비행기 Flugzeug   빨라요 schnell sein
> A: Komparativ 택시가 버스보다 빨라요. Das Taxi ist schneller als der Bus
> B: Superlativ 비행기가 제일 빨라요. Das Flugzeug ist am schnellsten.

1. 에베레스트 Mt. Everest   알프스 die Alpen   남산 Namsan   높아요 hoch sein
   A 에베레스트 제일 높아요.
   B 알프스가 남산보다 높아요.

2. 중국 China   한국 Korea   독일 Deutschland   큽니다 groß sein
   A 중국이 가장 큽니다.
   B 독일이 한국보다 더 큽니다.

3. 7월 Juli   5월 Mai   9월 September   더워요 heiß sein
   A 구월이 가장 더워요.
   B 5월이 3월보다 더워요.

4. 런던 London   베를린 Berlin   서울 Seoul   비쌉니다 teuer sein
   A 런던 제일 더 비쌉니다.
   B 베를린이 서울보다 더 비쌉니다.

5. 바나나 Bananen   수박 Wassermelone   딸기 Erdbeeren   작아요 klein sein
   A 딸기가 제일 작아요.
   B 바나나가 수박보다 (더) 작아요.

2 Antworten Sie bitte.

1. 무슨 음식을 제일 좋아해요? (불고기)
   Welches Essen mögen Sie am liebsten? (Bulgogi)
   불고기를 제일 좋아해요!

2. 무슨 음악을 제일 좋아해요? (재즈)
   Welche Musik mögen Sie am liebsten? (Jazz)
   재즈를 제일 좋아해요!

3. 무엇을 가장 사고 싶어요? (집)
   Was möchten Sie am liebsten kaufen? (Haus)
   집을 가장 싶어요!

4. 무엇이 제일 싸요? (옷)
   Was ist am billigsten? (Kleidung)
   옷이 제일 싸요!

5. 누가 제일 예뻐요? (어머니)
   Wer ist am hübschesten? (Mutter)
   어머니가 제일 예뻐요.

Verben: Infinitiv / Formelle Höflichkeit

Infinitiv

Das Verb ist das wichtigste Element der koreanischen Sprache. Es steht immer am Satzende. Ein ganzer Satz kann aus einem einzigen Verb bestehen. Wer oder was das Subjekt ist, erschließt sich oft aus dem Zusammenhang. Im Koreanischen konjugiert man das Verb nicht nach Person oder Anzahl. Die Endung des Verbs verändert sich allerdings nach der Funktion des Verbs (u. a. Aussage, Frage, Imperativ), der Zeitform und dem Grad der Höflichkeit, in dem man mit einer Person spricht.

Die Grundform (Infinitiv) aller koreanischen Verben besteht aus dem Verbstamm und endet auf 다 [*da*], z. B.: 먹 (Verbstamm) + 다 = 먹다 [*meokda*] (essen). Der Verbstamm kann auf einen Konsonanten (Vkons) oder einen Vokal (Vvok) enden. Diese Unterscheidung spielt bei der Bildung mancher Formen eine Rolle, da unterschiedliche Endungen an den Verbstamm angehängt werden.

Die formelle Höflichkeitsform

Es gibt zwei Höflichkeitssprechstufen, die dem deutschen „Sie" entsprechen. Dies sind die formelle und die informelle Höflichkeitsform. Die formelle Höflichkeit wird älteren, höher gestellten und fremden Personen gegenüber verwendet.

Bildung der formellen Höflichkeit

Die Aussageform im Präsens bildet man, indem man an den Verbstamm (Vkons) 습니다 [*seumnida*] oder (Vvok) ㅂ니다 [*mnida*] anhängt. Bei Vvok schließt das ㅂ unten an der Verbstammsilbe an.

Vkons	+ 습니다		
먹다 essen	먹습니다	meukseumnida	ich esse, er / sie / es isst, wir essen, sie / Sie essen
읽다 lesen	읽습니다	ikseumnida	ich lese, er / sie / es liest, wir lesen, sie / Sie lesen
듣다 hören	듣습니다	deutseumnida	ich höre, er / sie / es hört, wir hören, sie / Sie hören
작다 klein sein	작습니다	jakseumnida	ich bin klein, er / sie / es ist klein, wir sind klein, sie / Sie sind klein

Vvok	+ ㅂ니다		
가다 gehen	갑니다	gamnida	ich gehe, er / sie / es geht, wir gehen, sie / Sie gehen
오다 kommen	옵니다	omnida	ich komme, er / sie / es kommt, wir kommen, sie / Sie kommen
마시다 trinken	마십니다	masimnida	ich trinke, er / sie / es trinkt, wir trinken, sie / Sie trinken
크다 groß sein	큽니다	keumnida	ich bin groß, er / sie / es ist groß, wir sind groß, sie / Sie sind groß

G7

1 Wie lautet der Verbstamm der folgenden Verben?

Infinitiv			Verbstamm
먹다	meokda	essen	먹
가다	gada	gehen	가
1. 치다	chida	schlagen	치
2. 만나다	mannada	treffen	만나
3. 쓰다	sseuda	schreiben	쓰
4. 하다	hada	machen	하
5. 기다리다	gidarida	warten	기다리
6. 적다	jeokda	wenig sein	적
7. 많다	manta	viel sein	많
8. 받다	batda	bekommen	받
9. 입다	ipda	anziehen	입
10. 찾다	chatda	suchen	찾
자다			자

2 Vkons oder Vvok? Ordnen Sie die Verbstämme aus Übung 1 zu.

Vkons	Vvok
먹 받 적 입 많 찾	가 하 치 기다리 만나 쓰

3 Bilden Sie die formelle Höflichkeitsform mit den Verbstämmen aus Übung 2.

Vkons + 습니다	Vvok + ㅂ니다
먹습니다 받습니다 적습니다 입습니다 많습니다 찾습니다	갑니다 합니다 칩니다 기다립니다 만납니다 씁니다

4 Markieren Sie die Verben der koreanischen Sätze.

1. 독일사람을 <u>만납니다</u>. Ich treffe einen Deutschen.

2. 저는 불고기를 아주 <u>좋아합니다</u>. Ich mag Bulgogi sehr.

3. 저녁에 TV를 <u>봅니다</u>. Ich sehe abends fern.

4. 비가 많이 <u>옵니다</u>. Es regnet viel.

5. 저는 맥주를 <u>마십니다</u>. Ich trinke Bier.

Verben: formell höfliche Frage

Die Frageform der formellen Höflichkeit

Der Fragesatz wird gebildet, indem man an den Verbstamm (Vkons) 습니까 [*seumnikka*] oder an (Vvok) ㅂ니까 [*mnikka*] anhängt. Auch diese Form ist für alle Personen dieselbe.

Vkons	+ 습니까		
먹다 essen	먹습니까	meukseumnikka	esse ich? isst er/sie/es?, essen wir?, essen sie/Sie?
읽다 lesen	읽습니까	ikseumnikka	lese ich?, liest er/sie/es?, lesen wir?, lesen sie/Sie?
듣다 hören	듣습니까	deutseumnikka	höre ich?, hört er/sie/es?, hören wir?, hören sie/Sie?
작다 klein sein	작습니까	jakseumnikka	bin ich klein?, ist er/sie/es ist klein?, sind wir klein?, sind sie/Sie klein?

Vvok	+ ㅂ니까		
가다 gehen	갑니까	gamnikka	gehe ich? geht er/sie/es?, gehen wir? gehen sie/Sie?
오다 kommen	옵니까	omnikka	komme ich? kommt er/sie/es?, kommen wir? kommen sie/Sie?
마시다 trinken	마십니까	masimnikka	trinke ich? trinkt er/sie/es?, trinken wir? trinken sie/Sie?
크다 groß sein	큽니까	keumnikka	bin ich groß? ist er/sie/es groß?, sind wir groß? sind sie/Sie groß?

Beispiele:

Frage (F)			Antwort (A)		
F: 갑니까?	gamnikka	Gehen Sie?	A: 네, 갑니다.	ne gamnida	Ja, ich gehe.
F: 큽니까?	keumnikka	Ist das groß?	A: 네, 큽니다.	ne keumnida	Ja, das ist groß.
F: 좋습니까?	jotseumnikka	Ist das gut?	A: 네, 좋습니다.	ne jotseumnida	Ja, das ist gut.
F: 작습니까?	jakseumnikka	Ist das klein?	A: 네, 작습니다.	ne jakseumnida	Ja, das ist klein.

1 Bilden Sie den Verbstamm und die formell höfliche Frage.

Infinitiv			Verbstamm	Formelle Frage
먹다	meokda	essen	먹	먹습니까?
오다	oda	kommen	오	옵니까?
1. 자다	jada	schlafen	자	잡니까?
2. 보다	boda	sehen	보	봅니까?
3. 싸다	ssada	billig sein	싸	쌉니까?
4. 좋아하다	choahada	mögen	좋아해	좋압니까?
5. 치다	chida	schlagen	치	칩니까?
6. 듣다	deutda	hören	들	듣습니까?
7. 읽다	ikda	lesen	읽	읽습니까?
8. 찾다	chatda	suchen	찾	찾습니까?
9. 많다	manta	viel sein	많	많습니까?
10. 받다	batda	bekommen	받	받습니까?

2 Ergänzen Sie bitte den Dialog. Zum Beispiel:

F: 좋아합니까? joahamnikka Mögen Sie? A: 네, 좋아합니다. ne joahamnida Ja, ich mag.

F: 1. _갑니까_? A: 네, 갑니다. ne gamnida
Gehen Sie? Ja, ich gehe.

F: 쌉니까? ssamnikka A: 2. _쌉니다_.
Ist das billig? Ja, das ist billig.

F: 3. _많습니까_? A: 네, 많습니다. ne manseumnida
Ist es viel? Ja, es ist viel.

F: 4. _아픕니까_? A: 네, 아픕니다. ne apeumnida
Sind Sie krank? Ja, ich bin krank.

F: 공부합니까? gongbuhamnikka A: 5. _공부합니다_.
Lernen Sie? Ja, ich lerne.

F: 6. 친구를 _만납니까_? A: 네, 만납니다. ne mannamnida
Treffen Sie den Freund? Ja, ich treffe ihn.

F: 갈비를 좋아합니까? galbireul joahamnikka A: 7. _네, 좋압니다_.
Mögen Sie Galbi? Ja, ich mag es.

F: 8. 책을 _읽습니까_? A: 네, 읽습니다. ne ilseumnida
Lesen Sie das Buch? Ja, ich lese es.

F: 피아노를 칩니까? pianoreul chimnikka A: 9. _네, 칩니다_.
Spielen Sie Klavier? Ja, ich spiele (Klavier).

F: 10. _예쁩니까_? A: 네, 예쁩니다. ne yebbeumnida
Ist es hübsch? Ja, es ist hübsch.

잘생기다 (Männer)

Verben: Futur der formellen Höflichkeit

Die Futurform −겠

Mit der Futurform wird eine Handlung in der Zukunft sowie die Intention der 1. oder 2. Person (Singular und Plural) ausgedrückt. Außerdem kann man so eine Vermutung in Bezug auf die 3. Person (Singular und Plural) ausdrücken.

Die Bildung der Futurform

Die Futurform wird mit dem Verbstamm (VS) + dem Futurinfix −겠 [get] gebildet, woran dann z. B. bei der formellen Höflichkeit −습니다 angeschlossen wird.

Infinitiv	VS + Futurinfix + form. Höflichkeitsform	Futurform
먹다 *meokda* essen	먹 + 겠 + 습니다 =	먹겠습니다 *meokgetseumnida* werde / wird / werden essen
가다 *gada* gehen	가 + 겠 + 습니다 =	가겠습니다 *gagetseumnida* werde / wird / werden gehen
좋다 *jotda* gut sein	좋 + 겠 + 습니다 =	좋겠습니다 *jotgetseumnida* werde / wird / werden gut sein

Intention

저는 서울에 가겠습니다.
 jeoneun seoule gagetseumnida
 Ich werde nach Seoul gehen.

저는 사과를 사겠습니다.
 jeoneun sagwareul sagetseumnida
 Ich werde einen Apfel kaufen.

Vermutung

토마스씨는 부산에 가겠습니다.
 tomaseussineun busane gagetseumnida
 Thomas wird (wohl) nach Busan gehen.

토마스씨는 사과를 사겠습니다.
 tomaseussineun sagwareul sagetseumnida
 Thomas wird (wohl) einen Apfel kaufen.

Die Frageform des Futurs

Die Frageform des Futurs wird auf der Stufe der formellen Höflichkeit folgendermaßen gebildet:
Verbstamm + Futurinfix −겠 + formelle Frageform −습니까 + ?

Infinitiv	VS + Futurinfinx + form. Frageform	Futurform
먹다 *meokda* essen	먹 + 겠 + 습니까 =	먹겠습니까? *meokgetseumnikka* werde / wird / werden essen
가다 *gada* gehen	가 + 겠 + 습니까 =	가겠습니까? *gagetseumnikka* werde / wird / werden gehen
좋다 *jotda* gut sein	좋 + 겠 + 습니까 =	좋겠습니까? *jotgetseumnikka* werde / wird / werden gut sein

Frage in der Futurform

F: 친구를 만나겠습니까?
 chingureul mannagetseumnikka
 Werden Sie den Freund treffen?

F: 비가 오겠습니까?
 biga ogetseumnikka
 Wird es (wohl) regnen? (wörtl.: Wird der Regen kommen?)

Antwort (Aussage) in der Futurform

A: 네, 만나겠습니다.
 ne mannagetseumnida
 Ja, ich werde ihn treffen.

A: 네, 오겠습니다.
 ne ogetseumnida
 Ja, es wird (wohl) regnen.

1 Schreiben Sie den Verbstamm der folgenden Verben auf. Bilden Sie dann die Futurform.

Infinitiv			Verbstamm	Futurform
가다	gada	gehen	가	가겠습니다
듣다	deutda	hören	듣	듣겠습니다
1. 사다	sada	kaufen	사	사겠습니다
2. 만나다	manada	treffen	만나	만나겠습니다
3. 보다	boda	sehen	보	보겠습니다
4. 하다	hada	machen	하	하겠습니다
5. 치다	chida	schlagen	치	치겠습니다
6. 기다리다	gidarida	warten	기다리	기다리겠습니다
7. 읽다	ikda	lesen	읽	읽겠습니다
8. 받다	batda	bekommen	받	받겠습니다
9. 먹다	meokda	essen	먹	먹겠습니다
10. 많다	manta	viel sein	많	많겠습니다

2 Welche Form entspricht der deutschen Übersetzung? Kreuzen Sie die richtige Form an und übertragen Sie sie in die Lücke.

1. 저는 부산에 __가겠습니다__. jeoneun busane gagetseumnida
   Ich werde nach Busan gehen.
   A ☐ 가겠습니까
   B ☐ 갑니다
   C ☒ 가겠습니다

2. 저는 친구를 __만나겠습니다__ jeoneun chingureul mannagetseumnida
   Ich werde einen Freund treffen.
   A ☐ 만나겠습니까
   B ☐ 만납니다
   C ☒ 만나겠습니다

3. 저는 우유를 __마시겠습니다__. jeoneun uyureul masigetseumnida
   Ich werde Milch trinken.
   A ☐ 마십니다
   B ☒ 마시겠습니다.
   C ☐ 마시겠습니까

4. 날씨가 __좋겠습니다__. nalssiga jotgetseumnida
   Das Wetter wird schön sein.
   A ☐ 좋습니다
   B ☒ 좋겠습니다
   C ☐ 좋겠습니까

Verben: Verneinung

Verneinung mit 안 + Verb

안 + Verb

Fast alle koreanischen Sätze, die in der formellen und informellen Form stehen, kann man mit 안 [an] verneinen. 안 steht immer vor dem zu verneinenden Verb und wird im Deutschen einfach mit „nicht" übersetzt. Die Form ist umgangssprachlicher als die Verneinung mit 지 않다, die weiter unten vorgestellt wird.

	Infinitiv	안 + Verb
Formelle Höflichkeit	보다 sehen	안 봅니다 an bomnida sehe/sieht/sehen nicht.
Formelle Höflichkeit	먹다 essen	안 먹습니다 an meokseumnida esse/isst/essen nicht.
Frage	마시다 trinken	안 마십니까? an masimnikka trinke/trinkt/trinken nicht?
Frage	읽다 lesen	안 읽습니까? an ilseumnikka lese/liest/lesen nicht?
Futur	하다 machen	안 하겠습니다. an hagetseumnida werde/wird/werden nicht machen.
Futur	듣다 hören	안 듣겠습니다. an deutgetseumnida werde/wird/werden nicht hören.

Verneinung mit 지 않다

Verbstamm + 지 않다

Mit –지 않다 [-ji anta] kann man auch verneinen. 지 않다 [-ji anta] wird an den Verbstamm angehängt. Dann wird 않다 wie ein Verb konjugiert.

	Infinitiv	VS + 지 않다
Formelle Höflichkeit	보다 sehen	보지 않습니다. boji ansseumnida sehe(n)/sieht nicht.
Formelle Höflichkeit	먹다 essen	먹지 않습니다. meokji ansseumnida esse(n)/isst nicht.
Frage	마시다 trinken	마시지 않습니까? masiji anseumnikka trinke/trinkt/trinken nicht?
Frage	읽다 lesen	읽지 않습니까? ilji anseumnikka lese/liest/lesen nicht?
Futur	하다 machen	하지 않겠습니다. haji anketseumnida werde/wird/werden nicht machen.
Futur	듣다 hören	듣지 않겠습니다. deutji anketseumnida werde/wird/werden nicht hören.

Achtung! Bei der verneinten Frage muss man die Aussage des Satzes bejahen bzw. verneinen.

F: 회사에 안 갑니까?
hoesae an gamnikka
Gehen Sie nicht in die Firma?

A: 네, 안 갑니다.
ne an gamnida
Ja (Die Aussage stimmt), ich gehe nicht.

F: 김치를 좋아하지 않습니까?
gimchireul joahaji ansseumnikka
Mögen Sie kein Gimchi?

A: 아니오, 좋아합니다.
anio joahamnida
Nein (Doch), ich mag es.

F: 가지 않습니까?
gaji ansseumnikka
Gehen Sie nicht?

A: 네, 가지 않습니다.
ne gaji ansseumnida
Ja (Die Aussage stimmt), ich gehe nicht.

G10

1 Verneinen Sie auf zwei Arten die Aussage formell höflich.

Infinitiv			안 + Verben	Verbstamm + 지 않다
오다	oda	kommen	안 옵니다	오지 않습니다
듣다	deutda	hören	안 듣습니다	듣지 않습니다
1. 가다	gada	gehen	안 갑니다	가지 않습니다
2. 먹다	meokda	essen	안 먹습니다	먹지 않습니다
3. 마시다	masida	trinken	안 마십니다	마시지 않습니다
4. 자다	jada	schlafen	안 잡니다	자지 않습니다
5. 일어나다	ireonada	aufstehen	안 일습니다	일어나지 않습니다
6. 많다	manta	viel sein	안 많습니다	많지 않습니다
7. 작다	jakda	klein sein	안 작습니다	작지 않습니다
8. 아프다	apeuda	krank sein	안 아픕니다	아프지 않습니다
9. 춥다	chupda	kalt sein	안 춥습니다	춥지 않습니다
10. 타다	tada	fahren	안 탑니다	타지 않습니다

2 Ergänzen Sie den Dialog. Zum Beispiel:

F: … 좋아합니까?   A: 아니오, … 안 좋아합니다. *anio … an joahamnida*
joahamnikka   … 좋아하지 않습니다. *… joahaji ansseumnida*
Mögen Sie …?   Nein, ich mag … nicht.

1. F: 친구를 만납니까?   A: 아니오, 안 만납니다.
   Treffen Sie den Freund?   Nein, ich treffe ihn nicht.

2. F: 빵을 삽니까?   A: 아니오, 사지 않습니다.
   Kaufen Sie Brot?   Nein, ich kaufe nicht.

3. F: TV를 안 봅니까?   A: 네, 안 봅니다.
   Sehen Sie nicht fern?   Nein, ich sehe nicht fern.

4. F: 공부합니까?   A: 아니오, 공부 안 합니다.
   Lernen Sie?   Nein, ich lerne nicht.

3 Ist dieser Satz verneint oder nicht? Kreuzen Sie die verneinten Sätze an und markieren Sie die Verneinung und das Verb.

1. A ☐ 부산에 가겠습니다. *busane gagetseumnida*
   B ☒ 커피를 안 마십니다. *keopireul an masimnida*
   C ☐ 라디오를 듣습니까? *radioreul deutseumnikka*
2. A ☐ 카메라를 사겠습니다. *kamerareul sagetseumnida*
   B ☐ 서울이 큽니다. *seouli keumnida*
   C ☒ 이메일을 쓰지 않겠습니다. *imeilreul sseuji angetseumnida*
3. A ☐ 오늘 덥겠습니까? *oneul deopgetseumnikka*
   B ☒ 버스를 안 기다리겠습니까? *beoseureul an gidarigetseumnikka*
   C ☐ 한국이 좋습니까? *hangugi jotseumnikka*

Verben: Konverbalform / Informelle Höflichkeit (ifH)

Die Konverbalform

Die Konverbalform (KV) braucht man um u.a. informelle Höflichkeit, Vergangenheit, Nebensätze und die Du-Form zu bilden. Bildet die Konverbalform alleine das Verb, entspricht sie der Du-Form.

Die Bildung der Konverbalform

Die Konverbalform wird folgendermaßen gebildet: Je nachdem wie die letzte Silbe des Verbstamms lautet, wird entweder 아 oder 어 an den Verbstamm angehängt. VS + 아 oder 어 = KV
Dabei kommt es darauf an, welcher Vokal in der letzten Silbe des Verbstamms vorkommt. Endet der Verbstamm mit einem Vokal kommt es zu Verschleifungen.

Die informelle Höflichkeitsform

Die informelle Höflichkeitsform ist im Alltag außerhalb des Geschäftslebens sehr verbreitet. Eine spezielle Frageform besteht nicht. Die Frage wird ähnlich wie im Deutschen durch die Satzmelodie ausgedrückt.
Für die informelle Höflichkeitsform wird zunächst die Konverbalform (KV) gebildet. Dann wird an die Konverbalform 요 angefügt.
Bestimmen Sie zunächst den Vokal, der in der letzten Silbe des Verbstammes auftaucht. Die verschiedenen Fälle sind mit dem Platzhalter „О" davor angegeben. So wird z.B. ㅓ als 어 aufgeführt. In der Silbe taucht der Vokal in der Regel ohne Platzhalter auf.

- Wenn die letzte Silbe des Verbstamms 아, 야, 오 oder 요 enthält: + 아 (=KV) + 요 (=ifH)

Infinitiv	Konverbalform (KV)	Informelle Höflichkeitsform
(Verbstamm + 다)	(Verbstamm + 아)	(Konverbalform + 요)
살다 leben	살 + 아	살아요 sarayo
받다 bekommen	받 + 아	받아요 badayo
좋다 gut sein	좋 + 아	좋아요 joayo

- In allen anderen Fällen, in denen die letzte Silbe des Verbstamms 어, 여, 우, 유, 으, 이, 에, 애 ... enthält: + 어 (=KV) + 요 (= ifH)

Infinitiv	Konverbalform (KV)	Informelle Höflichkeitsform (KV+요)
먹다 essen	먹 + 어	먹어요 meogeoyo
읽다 lesen	읽 + 어	읽어요 ilgeoyo
만들다 herstellen	만들 + 어	만들어요 mandeureoyo

Endet der Verbstamm mit einem Vokal kommt es zu einer Verschleifung.

Infinitiv	Konverbalform (KV)	Informelle Höflichkeitsform (KV+요)
가다 gehen	(가 + 아) Verschleifung zu 가	가요 gayo
오다 kommen	(오 + 아) Verschleifung zu 와	와요 wayo

Endet der Verbstamm mit dem Vokal 이 wird ㅣ + 어 zusammengezogen zu ㅕ.

Infinitiv	Konverbalform (KV)	Informelle Höflichkeitsform (KV+요)
치다 schlagen	(치 + 어) Verschleifung zu 쳐	쳐요 chyeoyo
마시다 trinken	(마시 + 어) Verschleifung zu 마셔	마셔요 masyeoyo

G11

1 Schreiben Sie die Konverbalform der folgenden Verben. Bilden Sie dann die informelle Höflichkeitsform.

Infinitiv			Konverbalform	informelle Höflichkeit
읽다	ilgda	lesen	읽어	읽어요
가다	gada	gehen	가	가요
1. 보다	boda	sehen	봐	봐요
2. 사다	sada	kaufen	사	사요
3. 먹다	meokda	essen	먹어	먹어요
4. 만나다	mannada	treffen	만나	만나요
5. 기다리다	gidarida	warten	기다려	기다려요
6. 작다	jakda	klein sein	작아	작아요
7. 있다	itda	haben	있어	있어요
8. 타다	tada	fahren	타	타요

2 Erkennen Sie die Formen und ordnen Sie sie zu.

| 사요 | 좋아요 | 좋아하다 | 봐요 | 와 | 웃다 →lachen | 기다리다 |
| 받다 | 만나 | 써요 | 읽다 | 자 | 예뻐요 | 많아 | 먹어 |

Infinitiv	Konverbalform	Informelle Höflichkeitsform
받다	만나	사요
좋아하다	자	좋아요
읽다	와	써요
웃다	많아	봐요
기다리다	먹어	예뻐요

3 Kreuzen Sie die informellen Höflichkeitsformen an.

1. 가르치다 gareuchida unterrichten
   - A ☐ 가르칩니다
   - B ☒ 가르쳐요
   - C ☐ 가르치겠습니다

2. 사다 sada kaufen
   - A ☐ 삽니까
   - B ☐ 사
   - C ☒ 사요

3. 좋다 jota gut sein
   - A ☒ 좋아요
   - B ☐ 좋습니까
   - C ☐ 좋아해요

Verben Konverbalform (2) / Informelle Höflichkeit

Die informelle Höflichkeitsform bei Verbstammende auf ㅂ, ㄷ und ㅡ

Die informelle Höflichkeitsform wird bei Verben, deren Stamm auf ㅂ, ㄷ und ㅡ endet, wie folgt gebildet:

Verbstamm endet auf ㅂ + 워 (= KV) + 요 (der Auslautkonsonant ㅂ fällt weg):

Infinitiv	Konverbalform (KV)	Informelle Höflichkeitsform (KV+요)
춥다 kalt sein	춥 + 워 wird zu 추워	추워요 chuwoyo
맵다 scharf sein	맵 + 워 wird zu 매워	매워요 maewoyo
어렵다 schwierig sein	어렵 + 워 wird zu 어려워	어려워요 eoryeowoyo

Verbstamm endet auf ㄷ + 어 (=KV) + 요 (ㄷ wird zu ㄹ):

Infinitiv	Konverbalform (KV)	Informelle Höflichkeitsform (KV+요)
듣다 hören	듣 + 어 wird zu 들어	들어요 deureoyo
묻다 fragen	묻 + 어 wird zu 물어	물어요 mureoyo

Verbstamm endet auf ㅡ + 아 oder 어 (=KV) + 요 (der Vokal ㅡ fällt weg):

Bei einem einsilbigen Verbstamm wird 어 (ohne Platzhalter „ㅇ") angehängt. Bei einem mehrsilbigen Verb richtet es sich nach dem Vokal der vorletzten Silbe, ob 아 oder 어 angeschlossen wird.

Infinitiv	Konverbalform (KV)	Informelle Höflichkeitsform (KV+요)
쓰다 schreiben	쓰 + 어 wird zu 써	써요 sseoyo
아프다 krank sein	아프 + 아 wird zu 아파	아파요 apayo
예쁘다 hübsch sein	예쁘 + 어 wird zu 예뻐	예뻐요 yeppeoyo

unregelmäßige Verben:

Infinitiv	Konverbalform (KV)	Informelle Höflichkeitsform (KV+요)
하다 machen	하 + 어 wird zu 해	해요 haeyo
이다 sein	이 + 어 wird zu 이에 oder 예	nach Nkon 이에요 ieyo nach Nvok 예요 yeyo

Mit dem Verb 하다 (machen) werden viele zusammengesetzte Verben gebildet, die die Konverbalform genauso bilden, z.B. 피곤하다 pigonhada „müde sein".

Nach einem Nomen, das auf einen Konsonanten (Nkon) endet, lautet die informelle Höflichkeitsform von 이다 (sein) 이에요.

Nkon + 이에요:

저는 한국사람이에요.	jeoneun hanguksaramieyo	Ich bin Koreaner.
저는 선생이에요.	jeoneun seonsaengieyo	Ich bin Lehrer.

Nach einem Nomen, das auf einen Vokal (Nvok) endet, lautet die informelle Höflichkeitsform von 이다 (sein) 예요.

Nvok + 예요:

이것은 김치예요.	igeoseun gimchieyo	Das ist Gimchi.
얼마예요?	eolmayeyo	Wieviel kostet das?

1 Bilden Sie die Konverbalform der folgenden Verben und dann die informelle Höflichkeitsform.

Infinitiv			Konverbalform	informelle Höflichkeit
하다	hada	machen, tun	해	해요
1. 덥다	deopda	heiß sein	더워	더워요
2. 쉽다	swipda	leicht sein	쉬워	쉬워요
3. 좋아하다	joahada	mögen	좋아해	좋아해요
4. 피곤하다	pigonhada	müde sein	피곤해	피곤해요
5. 듣다	deutda	hören	들어	들어요
6. 바쁘다	bappeuda	beschäftigt sein	바빠	바빠요
7. 슬프다	seulpeuda	traurig sein	슬퍼	슬퍼요
8. 맵다	maepda	scharf sein	매워	매워요
9. 기쁘다	gippeuda	erfreut sein	기뻐	기뻐요
10. 이다	ida	sein	Nhois다 / Vemol다	이에요 / 예요

2 Erkennen Sie die Formen und ordnen Sie sie zu.

~~듣다~~ 아파요 ~~바쁘다~~ ~~해요~~ ~~좋아해~~ 예뻐요 ~~이다~~
어려워 ~~쓰다~~ ~~하다~~ ~~들어~~ 이에요 추워요 ~~기뻐~~

Infinitiv	Konverbalform	Informelle Höflichkeitsform
듣다	어려워	아파요
쓰다	들어	해요
바쁘다	좋아해	이에요
하다	기뻐	예뻐요
이다		추워요

한국말은 어려워요!

3 Kreuzen Sie die richtige informelle Höflichkeitsform an.

1. 복잡하다 *chaotisch sein*
   A ☐ 복잡합니다
   B ☐ 복잡하겠습니다
   C ☒ 복잡해요

2. 아름답다 *wunderbar sein*
   A ☐ 아름답습니까
   B ☒ 아름다워요
   C ☐ 아름다웠어요

3. 기쁘다 *erfreut se*
   A ☒ 기뻐요
   B ☐ 기쁩니다
   C ☐ 기쁘겠어요

Verben: Informelle Höflichkeit 2. Person mit (으)세요

Die informelle Höflichkeitsform mit (으)세요

G11 Will man eine Frage oder Aufforderung an einen Gesprächpartner etwas höflicher ausdrücken, wird statt der
G12 아 / 어요 Form oft die Form (으)세요 [euseyo] verwendet.

- Verbstamm endet auf einen Vokal (Vvok) + 세요 [seyo]:

Infinitiv	Vvok + inf. Höflichkeitsform	Informelle Höflichkeitsform
하다 machen	하 + 세요	하세요 haseyo
보다 sehen	보 + 세요	보세요 boseyo

- Verbstamm endet auf einen Konsonanten (Vkons) + 으세요 [euseyo]:

Infinitiv	Vkons + inf. Höflichkeitsform	Informelle Höflichkeitsform
받다 bekommen	받 + 으세요	받으세요 badeuseyo
많다 viel sein	많 + 으세요	많으세요 maneuseyo

Unregelmäßige Verben, bei denen der Verbstamm auf ㄷ, ㄹ oder ㅂ endet:

- Endet der Verbstamm auf ㄷ wird ㄷ zu ㄹ:

Infinitiv	VS + inf. Höflichkeitsform	Informelle Höflichkeitsform
듣다 hören	듣 + 으세요	들으세요 deureuseyo
묻다 fragen	묻 + 으세요	물으세요 mureuseyo

- Endet der Verbstamm auf ㄹ, fällt ㄹ weg:

Infinitiv	VS + inf. Höflichkeitsform	Informelle Höflichkeitsform
살다 leben	살 + 으세요	사세요 saseyo
만들다 herstellen	만들 + 으세요	만드세요 mandeuseyo

- Endet der Verbstamm auf ㅂ, fällt ㅂ weg:

Infinitiv	VS + inf. Höflichkeitsform	Informelle Höflichkeitsform
춥다 kalt sein	춥 + 으세요	추우세요 chuuseyo
덥다 heiß sein	덥 + 으세요	더우세요 deuuseyo

Bei einigen Tätigkeiten verwendet man für die 2. Person besondere Höflichkeitsverben.

Infinitiv	VS + inf. Höflichkeitsform	Informelle Höflichkeitsform
드시다 essen (ersetzt 먹다, 마시다)	드 + 세요	드세요 deuseyo
주무시다 schlafen (ersetzt 자다)	주무 + 세요	주무세요 gyeseyo
계시다 da sein (ersetzt 있다)	계 + 세요	계세요 jumuseoyo

G13

1 Schreiben Sie den Verbstamm der folgenden Verben und bilden Sie dann die informelle Höflichkeitsform mit (으)세요.

Infinitiv			Verbstamm	informelle Höflichkeit -(으)세요
가다	gada	gehen	가	가세요
1. 보다	boda	sehen	보	보세요
2. 주다	juda	kaufen (geben)	주	주세요
3. 만나다	mannada	treffen	만나	만나세요
4. 듣다	deuta	hören	들	들으세요
5. 읽다	ikda	lesen	읽	읽세요
6. 기다리다	gidarida	warten	기다리	기다리세요
7. 하다	hada	machen	하	하세요
8. 살다	saldal	leben	살	사세요
9. 어렵다	eoreupda	schwierig sein	어렵	어려우세요
10. 쉽다	swipda	leicht sein	쉽	쉬우세요

2 Kreuzen Sie die richtige informelle Höflichkeitsform mit (으)세요 an.

1. 오다 *oda* kommen
   A ☒ 오세요
   B ☐ 와 주세요
   C ☐ 와 보세요

2. 쓰다 *sseuda* schreiben
   A ☐ 써 보세요
   B ☐ 씁니다
   C ☒ 쓰세요

3. 있다 *itda* existieren
   A ☒ 있어요
   B ☐ 있겠어요
   C ☐ 계세요

4. 자다 *jada* schlafen
   A ☐ 자 보세요
   B ☒ 주무세요
   C ☐ 주무십니다

3 Ergänzen Sie den Dialog.

Zum Beispiel:

F: 오늘 무엇을 하세요?
oneul mueoseul haseyo
Was machen Sie heute?

A: 친구를 만나요.
chingureul mannayo
Ich treffe einen Freund.

1. F: 사과를 (사다) __사세요__ ?
   Kaufen Sie den Apfel?

   A: 아니오, 안 사요.
   Nein, ich kaufe ihn nicht.

2. F: 영화를 (보다) __보세요__ ?
   Sehen Sie einen Film an?

   A: 네, 한국영화를 봐요.
   Ja, ich sehe einen koreanischen Film an.

3. F: 비빔밥을 (좋아하다) __좋아하세요__ ?
   Mögen Sie Bibimbap?

   A: 네, 아주 좋아해요.
   Ja, ich mag es sehr.

Verben: Imperativ

Imperativ – Befehl

Die Imperativform bildet man, indem man an den Verbstamm entweder (으)십시오 [eusipsio] für die formelle Höflichkeitsform oder (으)세요 [euseyo] für die informelle Höflichkeitsform anhängt. Die (으)세요 Form ist gebräuchlicher.

- Formelle Höflichkeit: Verbstamm + (으)십시오

어서 오십시오.	eoseo osipsiyo	Willkommen! (wörtl.: Kommen Sie rasch!)
읽으십시오.	ikgeusipsiyo	Lesen Sie!
기다리십시오.	gidarisipsiyo	Warten Sie!
안녕히 가십시오.	annyeonghi gasipsiyo	Auf Wiedersehen! (zur Person, die geht)

- Informelle Höflichkeit: Verbstamm + (으)세요

사과를 주세요.	sagwareul juseyo	Geben Sie mir einen Apfel!
운동을 하세요.	undongreul haseyo	Machen Sie Sport!
맛있게 드세요.	massitge deuseyo	Guten Appetit! (wörtl.: Essen Sie lecker!)
안녕히 가세요.	annyeonghi gaseyo	Auf Wiedersehen! (zur Person, die geht)

Imperativ – Verbot

Mit der Imperativ-Verbotsform drückt man ein Verbot bzw. eine strenge Aufforderung, etwas nicht zu tun, aus – auch wenn sie sehr höflich klingt. Man bildet sie, indem man an den Verbstamm entweder 지 마십시오 [jimasipsio] (formell) oder 지 마세요 [ji maseyo] (informell) anhängt. Diese Form kann mit „Bitte, tun Sie … nicht!" übersetzt werden. Die 지 마세요 Form ist gebräuchlicher.

- Formelle Höflichkeit: Verbstamm + 지 마십시오

오지 마십시오.	oji masipsio	Kommen Sie nicht!
들어가지 마십시오.	deureogaji masipsio	Bitte treten Sie nicht ein!
전화하지 마십시오.	jeonhwahaji masipsio	Bitte rufen Sie nicht an!
사진을 찍지 마십시오.	sajineul jjikji masipsio	Fotografieren Sie bitte nicht!

- Informelle Höflichkeit: Verbstamm + 지 마세요

TV를 보지 마세요.	tibireul boji maseyo	Sehen Sie nicht fern.
늦지 마세요.	neutji maseyo	Verspäten Sie sich nicht!
술을 많이 마시지 마세요.	sureul mani masiji maseyo	Trinken Sie nicht so viel Alkohol!
담배를 피우지 마세요.	dambaereul piuji maseyo	Bitte rauchen Sie nicht!

G14

1 Bilden Sie die informellen Formen des Imperativs und das Verbot.

Infinitiv			Imperativ	Imperativ Verbot
오다	oda	kommen	오세요	오지 마세요
1. 사다	sada	kaufen	사세요	사지 마세요
2. 주다	juda	geben	주세요	주지 마세요
3. 보다	boda	sehen	보세요	보지 마세요
4. 만나다	mannada	treffen	만나세요	만나지 마세요
5. 하다	hada	machen	하세요	하지 마세요
6. 읽다	ikda	lesen	읽으세요	읽지 마세요
7. 받다	batda	bekommen	받으세요	받지 마세요
8. 쓰다	sseuda	schreiben	쓰세요	쓰지 마세요
9. 기다리다	gidarida	warten	기다리세요	기다리지 마세요
10. 일어나다	ireonada	aufstehen	일어나세요	일어나지 마세요

2 Verwenden Sie die Form für die informelle Höflichkeit und ersetzen sie wenn möglich durch das Höflichkeitsverb. G13

> 운동하다 undonghada Sport machen 마시다 masida trinken
> 일하다 ilhada arbeiten 자다 jada schlafen

z.B. Jemand möchte einen Reisetipp für eine Koreareise haben.
경주에 가세요. gyeongjue gaseyo Gehen Sie nach Gyeongju.

1. Jemand möchte gern abnehmen. 운동하세요!
2. Jemand ist erkältet. 차를 (Tee) 마시세요!
3. Jemand will viel Geld verdienen. 일하세요
4. Jemand ist sehr müde. 자세요!

3 Verbieten Sie mit Hilfe folgender Verben.

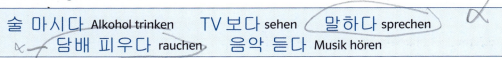

Jemand will in den Maschinenraum eintreten.
들어가지 마세요. deureogaji maseyo Treten Sie nicht ein.

1. Jemand raucht viel. 담배 피우지 마세요
2. Jemand trinkt viel Alkohol. 술 마시지 마세요
3. Jemand unterhält sich im Kino. 말하지 마세요
4. Jemand sieht zu viel fern. TV 보지 마세요
5. Jemand hört in der Bibliothek Musik. 음악 듣지 마세요

Verben: Vergangenheit

Vergangenheitsform

Um die Vergangenheitsform zu bilden, braucht man die Konverbalform. An die Konverbalform 아 / 어 wird ㅆ angeschlossen, indem man es unter die letzte Silbe schreibt. Dann wird je nach Höflichkeitsstufe entweder 습니다 für die formelle Höflichkeit (fH) oder 어요 für die informelle Höflichkeit (ifH) angehängt.

Infinitiv		KV + ㅆ + fH Form		
먹다	essen	먹어 + ㅆ + 습니다	먹었습니다	meogeotseumnida
읽다	lesen	읽어 + ㅆ + 습니다	읽었습니다	ilgeotseumnida
듣다	hören	들어 + ㅆ + 습니다	들었습니다	deureotseumnida
덥다	heiß sein	더워 + ㅆ + 습니다	더웠습니다	deowotseumnida
받다	bekommen	받아 + ㅆ + 습니다	받았습니다	badatseumnida

Infinitiv		KV + ㅆ + ifH Form		
가다	gehen	가 + ㅆ + 어요	갔어요	gaseoyo
오다	kommen	와 + ㅆ + 어요	왔어요	waseoyo
크다	groß sein	커 + ㅆ + 어요	컸어요	keoseoyo
마시다	trinken	마셔 + ㅆ + 어요	마셨어요	masyeoseoyo
예쁘다	hübsch sein	예뻐 + ㅆ + 어요	예뻤어요	yeppeoseoyo

Vergangenheitsform mit 시

Besonders bei Fragen an den Gesprächpartner wird an den Verbstamm nach Vkons 으셨 und nach Vvok 셨 (das aus der honorativen Erweiterung 시 + 었 gebildet ist) angehängt. Daran wird dann 습니다 oder 어요 angehängt.

Infinitiv		VS + (으)셨 + fH Form		
가다	gehen	가 + 셨 + 습니다	가셨습니다	gasyeotseumnida
보다	sehen	보 + 셨 + 습니다	보셨습니다	bosyeotseumnida
읽다	lesen	읽 + 으셨 + 습니다	읽으셨습니다	ilgeusyeotseumnida

Infinitiv		VS + (으)셨 + ifH Form		
주다	geben	주 + 셨 + 어요	주셨어요	jusyeoseoyo
오다	kommen	오 + 셨 + 어요	오셨어요	osyeoseoyo
받다	bekommen	받 + 으셨 + 어요	받으셨어요	badeusyeoseoyo

F: 무엇을 사셨어요?
mueoseul sasyeoseoyo
Was haben Sie gestern gekauft?

A: 과일을 샀어요.
gwaireul saseoyo
Ich habe Obst gekauft.

F: 무엇을 하셨어요?
mueoseul hasyeoseoyo
Was haben Sie gemacht?

A: 책을 읽었어요.
chaegeul ilgeoseoyo
Ich habe ein Buch gelesen.

F: 어디에 가셨어요?
eodie gasyeoseoyo
Wohin sind Sie gegangen?

A: 인사동에 갔어요.
insadonge gaseoyo
Ich bin nach Insadong gegangen.

G15

1 Schreiben Sie die Konverbalform der folgenden Verben. Bilden Sie dann die informelle Vergangenheitsform.

Infinitiv			Konverbalform	Vergangenheitsform
가다	gada	gehen	가	갔어요
1. 사다	sada	kaufen	사	샀어요
2. 먹다	meokda	essen	먹	
3. 오다	oda	kommen		
4. 마시다	masida	trinken		
5. 읽다	ikda	lesen		
6. 살다	salda	leben		
7. 듣다	deutda	hören		
8. 쓰다	sseuda	schreiben		
9. 덥다	deopda	heiß sein		
10. 어렵다	oryeopda	schwierig sein		

2 Ergänzen Sie den Dialog. Zum Beispiel:

F: 어제 어디에 가셨어요? *eoje eodie gasyeoseoyo*
Wohin sind Sie gestern gegangen?

A: 명동에 갔어요. *myeongdonge gaseoyo*
Ich bin nach Myeongdong gegangen.

1. F: 어제 무엇을 드셨어요?   A: 갈비를 _____.
    eoje mueoseul deusyeseoyo   *galbireul meogeoseoyo*
    Was haben Sie gestern gegessen?   Ich habe Galbi gegessen.

2. F: 어제 TV를 _____?   A: 아니오, 안 봤어요.
    eoje tibireul bosyeoseoyo   *anio an bwaseoyo*
    Haben Sie gestern ferngesehen?   Nein, ich habe nicht ferngesehen.

3. F: 언제 일어났어요?   A: 일곱 시에 _____.
    eonje ireonaseoyo   *ilgop sie ireonaseoyo*
    Wann sind Sie aufgestanden?   Um 7 Uhr bin ich aufgestanden.

4. F: 친구하고 전화하셨어요?   A: 네, _____.
    chinguhago jeonhwahaseoseoyo   *ne jeonhwahaeseoyo*
    Haben Sie mit einem Freund telefoniert?   Ja, ich habe mit ihm telefoniert.

5. F: 어제 비가 왔어요?   A: 아니오, 날씨가 _____.
    eoje biga waseoyo   *anio nalssiga joaseoyo*
    Hat es gestern geregnet?   Nein, das Wetter war schön.

6. F: 언제 한국에 _____?   A: 화요일에 왔어요.
    eonje hanguge osetseoyo   *hwayoile waseoyo*
    Wann sind Sie nach Korea gekommen?   Ich bin am Dienstag gekommen.

Verben: Die Hilfsverben 주다 und 보다

Hilfsverb 주다

Wenn 주다 [juda] (geben) als Hilfsverb benutzt wird, folgt es nach einem Leerzeichen auf die Konverbalform. Dann wird das Verb nicht mehr als „geben" übersetzt, sondern es bekommt die Bedeutung „etwas für jemanden tun". Im Deutschen entspricht diese Form dem „bitte!".

Zur Bildung der Formen fällt die Infinitivendung 다 weg und die Endung der informellen oder formellen Höflichkeitsform oder andere Endungen werden angehängt.

Infinitiv		Konverbalform + 주다		
하다	machen	해 + 주다	해 주다	hae juda
보다	sehen	보아 + 주다	봐 주다	bwa juda
오다	kommen	와 + 주다	와 주다	wa juda
읽다	lesen	읽어 + 주다	읽어 주다	ilgeo juda
쓰다	schreiben	써 + 주다	써 주다	sseo juda
듣다	hören	들어 + 주다	들어 주다	deureo juda

전화해 주십시오.	jeonhwahae jusipsio	Bitte rufen Sie mich an!
편지를 써 주십시오.	pyeonjireul sseo jusipsio	Bitte schreiben Sie einen Brief!
와 주세요.	wa juseyo	Bitte kommen Sie!
빵을 사 주세요.	ppangeul sa juseyo	Bitte kaufen Sie Brot!
들어 주세요.	deureo juseyo	Bitte hören Sie!
보여 주세요.	boyeo juseyo	Bitte zeigen Sie es mir!

Hilfsverb 보다

Wenn 보다 [boda] als Hilfsverb verwendet wird, folgt es nach einem Leerzeichen auf die Konverbalform. Damit wird das Verb nicht mehr als „sehen", sondern als „versuchen ... zu tun" oder „(versuchen Sie) mal..." übersetzt.

Infinitiv		Konverbalform + 주다		
가다	gehen	가 + 보다	가 보다	ga boda
하다	machen	해 + 보다	해 보다	hae boda
마시다	trinken	마셔 + 보다	마셔 보다	masyeo boda
쓰다	schreiben	써 + 보다	써 보다	sseo boda
읽다	lesen	읽어 + 보다	읽어 보다	ilgeo boda
듣다	hören	들어 + 보다	들어 보다	deureo boda

안동에 가 보십시오.	andonge ga bosipsio	Gehen Sie mal nach Andong!
먹어 보십시오.	meogeo bosipsio	Essen Sie mal!
입어 보세요.	ibeoboseyo	Probieren Sie das mal an!
들어 보세요.	deureoboseyo	Hören Sie mal!
빵을 사 보세요.	ppangreul sa juseyo	Kaufen Sie mal Brot!
해 보세요.	hae boseyo	Bitte machen Sie das mal!

1 Bilden Sie die Konverbalform und ergänzen Sie.

Infinitiv			Konverbalform	KV + 주세요
가다	gada	gehen	가	가 주세요
1. 보다	boda	sehen		
2. 사다	sada	kaufen		
3. 듣다	deutda	hören		
4. 전화하다	jeonhwahada	anrufen		
5. 기다리다	gidarida	warten		

2 Bilden Sie die Konverbalform und ergänzen Sie.

Infinitiv			Konverbalform	KV + 보세요
오다	oda	kommen	와	와 보세요
1. 하다	hada	machen		
2. 만나다	mannada	treffen		
3. 읽다	ikda	lesen		
4. 듣다	deutda	hören		
5. 찾다	chatda	suchen		

3 Bitten Sie um Hilfe.

> 백화점 baekhwajeom Kaufhaus   한국어 hangugeo Koreanisch
> 꽃 kkot Blume   연필 yeonpil Bleistift   가르치다 gareuchida unterrichten
> 가다 gada gehen/fahren   사다 sada kaufen   빌리다 billida leihen

1. Ich fahre mit dem Taxi und möchte zum Kaufhaus fahren.

   _____에 _____! Bitte fahren Sie zum Kaufhaus.

2. Ich möchte Koreanisch lernen.

   _____를 _____! Bitte bringen Sie mir Koreanisch bei!

3. Ich möchte gerne Blumen haben.

   _____을 _____! Bitte kaufen Sie mir Blumen!

4. Ich brauche etwas zum Schreiben.

   _____을 _____! Bitte leihen Sie mir einen Bleistift!

4 Bitte oder Vorschlag? Ordnen Sie zu.

> 마셔 보세요.   먹어 보세요.   읽어 주세요.
> 전화해 주세요.   자 보세요.   만나 주세요.

Bitte	Vorschlag
1.	2.

Verben: können / nicht können

nicht können

Für die einfache Form, mit der man „Nichtkönnen" wegen äußerer Umstände oder Unfähigkeit ausdrücken kann, verwendet man 못 [mot] vor dem zu verneinenden Verb. Es wird im Deutschen einfach mit „nicht können" übersetzt.

못 + **Verb**

못 갑니다.	*mot gamnida*	kann *bzw.* können nicht gehen.
못 먹어요.	*mot meogeoyo*	kann *bzw.* können nicht essen.

F: 한국말을 잘 하세요?
   hangugmareul jal haseyo
   Können Sie gut Koreanisch?

A: 아니오, 잘 못 해요.
   anio jal mot haeyo
   Nein, ich kann es nicht gut.

F: 신문을 읽었어요?
   sinmuneul ilgeoseoyo
   Haben Sie die Zeitung gelesen?

A: 아니오, 못 읽었어요.
   anio mot ilgeoseoyo
   Nein, ich konnte sie nicht lesen.

Modalverb können / nicht können

Die Form wird gebildet, indem an den Verbstamm (으)ㄹ 수 있다 [*eul su itta*] angehängt wird. Damit drückt man „können" als Möglichkeit und Fähigkeit aus.

Mit (으)ㄹ 수 없다 [*eul su oepda*] „nicht können" wird bei dieser Form Unmöglichkeit oder Unfähigkeit ausgedrückt.

- **Verbstamm +** (으)ㄹ 수 있다

Infinitiv		Vvok + ㄹ 수 있다		
가다	gehen	가 + ㄹ 수 있다	갈 수 있다	kann *bzw.* können gehen
오다	kommen	오 + ㄹ 수 있다	올 수 있다	kann *bzw.* können kommen

Infinitiv		Vkons + 을 수 있다		
먹다	essen	먹 + 을 수 있다	먹을 수 있다	kann *bzw.* können essen
읽다	lesen	읽 + 을 수 있다	읽을 수 있다	kann *bzw.* können lesen

- **Verbstamm +** (으)ㄹ 수 없다

Infinitiv		Vvok + ㄹ 수 없다		
사다	kaufen	사 + ㄹ 수 없다	살 수 없다	kann *bzw.* können nicht kaufen
보다	sehen	보 + ㄹ 수 없다	볼 수 없다	kann *bzw.* können nicht sehen

Infinitiv		Vkons + 을 수 없다		
받다	bekommen	받 + 을 수 없다	받을 수 없다	kann *bzw.* können nicht bekommen
찾다	finden	찾 + 을 수 없다	찾을 수 없다	kann *bzw.* können nicht finden

F: 김치를 먹을 수 있어요?
   gimchireul meogeul su iseoyo
   Können Sie Gimchi essen?

A: 네, 먹을 수 있어요.
   ne meogeul su iseoyo
   Ja, ich kann es essen.

F: 수영할 수 있어요?
   suyeonghal su iseoyo
   Können Sie schwimmen?

A: 아니오, 수영할 수 없어요.
   anio suyeonghal su eopseoyo
   Nein, ich kann nicht schwimmen.

1 Ergänzen Sie den Verbstamm der folgenden Verben mit den Modalverben für „können" und „nicht können".

Infinitiv			können	nicht können
오다	oda	kommen	올 수 있어요	올 수 없어요
1. 보다	boda	sehen		
2. 읽다	ikda	lesen		
3. 치다	chida	schlagen		
4. 쓰다	sseuda	schreiben		
5. 주다	juda	geben		
6. 하다	hada	machen		
7. 찾다	chatda	finden		
8. 마시다	masida	trinken		
9. 만나다	mannada	treffen		
10. 일어나다	ireonada	aufstehen		

2 Welche Antwort passt am besten?

1. 수영할 수 있어요?
   Können Sie schwimmen?
   A ☐ 네, 할 수 있어요.
   B ☐ 네, 할 수 없어요.
   C ☐ 네, 못 해요.

2. 영화 같이 볼 수 있어요?
   Können wir zusammen den Film ansehen?
   A ☐ 아니오, 볼 수 있어요.
   B ☐ 네, 볼 수 있어요.
   C ☐ 네, 같이 볼 수 없어요.

3. 소주 마실 수 있어요?
   Können Sie Soju trinken?
   A ☐ 아니오, 마실 수 있어요.
   B ☐ 네, 못 마셔요.
   C ☐ 네, 마실 수 있어요.

4. 운전할 수 있어요?
   Können Sie Auto fahren?
   A ☐ 아니오, 해요.
   B ☐ 네, 못 해요.
   C ☐ 네, 할 수 있어요.

5. 김치 먹을 수 있어요?
   Können Sie Gimchi essen?
   A ☐ 네, 먹을 수 있어요.
   B ☐ 네, 못 먹어요.
   C ☐ 네, 먹을 수 없어요.

3 Bitte antworten Sie.

1. 한국말 할 수 있어요? Können Sie Koreanisch sprechen? (Ja)

2. 태권도 할 수 있어요? Können Sie Taekwondo? (Nein)

3. 피아노 칠 수 있어요? Können Sie Klavier spielen? (Ja)

Verben: wollen

Modalverb wollen

Um einen Wunsch in der 1. und 2. Person Singular oder Plural auszudrücken, hängt man an den Verbstamm –고 싶다 [go sipda] an.

- **Verbstamm + –고 싶다**

Infinitiv		VS + 고 싶다		
가다	gehen	가 + 고 싶다	가고 싶다	will / willst / wollen / wollt gehen
오다	kommen	오 + 고 싶다	오고 싶다	will / willst / wollen / wollt kommen
먹다	essen	먹 + 고 싶다	먹고 싶다	will / willst / wollen / wollt essen
읽다	lesen	읽 + 고 싶다	읽고 싶다	will / willst / wollen / wollt lesen

F: 어디에 가고 싶습니까?
oedie gago sipseumnikka
Wohin wollen Sie gehen?

A: 제주도에 가고 싶습니다.
jejudoe gago sipnseumnida
Ich will nach Chejudo gehen.

F: 무엇을 마시고 싶어요?
mueoseul masigo sipeoyo
Was wollen Sie trinken?

A: 인삼차를 마시고 싶어요.
insamchareul masigo sipeoyo
Ich will Ginseng Tee trinken.

F: 누구를 만나고 싶어요?
nugureul mannago sipeoyo
Wen wollen Sie treffen?

A: 어머니를 만나고 싶어요.
eomeonireul mannago sipeoyo
Ich will meine Mutter treffen.

F: 무엇을 먹고 싶었어요?
mueoseul meokgo sipeoseoyo
Was wollten Sie essen?

A: 우리는 불고기를 먹고 싶었어요.
urineun bulgogireul meokgo sipeoseoyo
Wir wollten Bulgogi essen.

Wenn das Subjekt die 3. Person ist, wird die Form –고 싶어하다 [go sipeohada] an den Verbstamm angehängt.

- **Verbstamm + 고 싶어하다**

Infinitiv		VS + 고 싶어하다		
가다	gehen	가 + 고 싶어하다	가고 싶어하다	er / sie / es will *bzw.* wollen gehen
오다	kommen	오 + 고 싶어하다	오고 싶어하다	er / sie / es will *bzw.* wollen kommen
먹다	essen	먹 + 고 싶어하다	먹고 싶어하다	er / sie / es will *bzw.* wollen essen
읽다	lesen	읽 + 고 싶어하다	읽고 싶어하다	er / sie / es will *bzw.* wollen lesen

F: 친구가 어디에 가고 싶어해요?
chinguga eodie gago sipeohaeyo
Wohin will Ihr Freund gehen?

A: Frankfurt에 가고 싶어해요.
Frankfurt gago sipeohaeyo
Er will nach Frankfurt gehen

F: 언니가 무엇을 먹고 싶어해요?
eonniga mueoseul meokgo sipeohaeyo
Was will die Schwester essen?

A: 김밥을 먹고 싶어해요.
gimbabeul meokgo sipeohaeyo
Sie will Gimbap essen.

F: 어머니가 무엇을 하고 싶어했어요?
eomeoniga mueoseul hago sipeohaetseoyo
Was wollte die Mutter machen?

A: 전화하고 싶어했어요
jeonhwahago sipeohaetseoyo
Sie wollte telefonieren.

F: 할머니가 무엇을 하고 싶어하셨어요?
halmeoniga mueoseul hago sipeohaseotseoyo
Was wollte die Großmutter machen?

A: 저를 보고 싶어하셨어요.
jeoreul bogo sipeohaseotseoyo
Sie wollte mich sehen.

G18

1 Ergänzen Sie den Verbstamm der folgenden Verben mit der informellen Höflichkeitsform von „wollen" für die 1. oder 2. Person und in der 3. Person.

Infinitiv			wollen	wollen (3. Person)
가다	gada	gehen	가고 싶어요	가고 싶어해요
1. 보다	boda	sehen		
2. 자다	jada	schlafen		
3. 주다	juda	geben		
4. 하다	hada	machen		
5. 받다	batda	bekommen		
6. 만나다	mannada	treffen		
7. 읽다	ikda	lesen		
8. 듣다	deutda	hören		

2 Übersetzen Sie ins Koreanische.

> 친구 Freund   딸 Tochter   아들 Sohn   어머니 Mutter   사장님 Chef
> 초콜릿 Schokolade   컴퓨터 Computer   독일 Deutschland   콘서트 Konzert
> 노래하다 singen   사다 kaufen   가다 gehen   여행하다 reisen   먹다 essen

1. Meine Mutter möchte gern nach Deutschland reisen.

    _____가 _____에 _____

2. Mein Sohn möchte gern einen Computer kaufen.

    _____이 _____를 _____

3. Meine Tochter möchte gern Schokolade essen.

    _____이 _____을 _____

4. Mein Chef möchte gern singen.

    _____이 _____

5. Mein Freund möchte gern ins Konzert gehen.

    _____가 _____에 _____

3 Antworten Sie auf folgenden Fragen.

1. 무엇을 먹고 싶어요? (갈비) Was möchten Sie essen?

    _____

2. 어디에 가고 싶어요? (베를린) Wohin möchten Sie gehen?

    _____

3. 누구를 만나고 싶어요? (톰 크루즈) Wen möchten Sie treffen?

    _____

Grammatik

Verben: müssen / dürfen

Modalverb müssen

G11
G12 Um eine Verpflichtung oder dringende Notwendigkeit, also „müssen", auszudrücken, wird an die Konverbalform 야 하다 [ya hada] angehängt und die passende Zeitform und Höflichkeitsstufe von 하다 gebildet.

Konverbalform + 야 하다

Infinitiv		KV + 야 하다		
보다	sehen	봐 + 야 하다	봐야 하다	muss / musst / müssen / müsst sehen
마시다	trinken	마셔 + 야 하다	마셔야 하다	muss / musst / müssen / müsst trinken
듣다	hören	들어 + 야 하다	들어야 하다	muss / musst / müssen / müsst hören
읽다	lesen	읽어 + 야 하다	읽어야 하다	muss / musst / müssen / müsst lesen

F: 무엇을 해야 합니까?
mueoseul haeya hamnikka
Was müssen Sie machen?

A: 전화를 해야 합니다.
jeonhwareul haeya hamnida
Ich muss telefonieren.

F: 무엇을 해야 해요?
mueoseul haeya haeyo
Was müssen Sie machen?

A: 친구를 만나야 해요.
chingureul mannaya haeyo
Ich muss meinen Freund treffen.

F: 어디에 가야 해요?
eodie gaya haeyo
Wo müssen Sie hingehen?

A: 회사에 가야 해요.
hoesae gaya haeyo
Ich muss in die Firma gehen.

F: 무엇을 읽어야 했어요?
mueoseul ilgeoya haeseoyo
Was mussten Sie lesen?

A: 신문을 읽어야 했어요.
sinmuneul ilgeoya haeseoyo
Ich musste die Zeitung lesen.

Modalverb dürfen

Um die Erlaubnis „dürfen" auszudrücken, wird an die Konverbalform 도 되다 [do doeda] angehängt.

Konverbalform + 도 되다

Infinitiv		KV + 도 되다		
보다	sehen	봐 + 도 되다	봐도 되다	darf / darfst / dürfen / dürft sehen
마시다	trinken	마셔 + 도 되다	마셔도 되다	darf / darfst / dürfen / dürft trinken
듣다	hören	들어 + 도 되다	들어도 되다	darf / darfst / dürfen / dürft hören
읽다	lesen	읽어 + 도 되다	읽어도 되다	darf / darfst / dürfen / dürft lesen

F: 질문해도 돼요?
jilmunhaedo dwaeyo
Darf ich eine Frage stellen?

A: 네, 하세요.
ne, haseyo
Ja, fragen Sie.

F: 담배를 피워도 돼요?
dambaereul piwodo dwaeyo
Darf ich rauchen?

A: 아니오, 안돼요.
anio andwaeyo
Nein, das geht nicht.

F: 음악을 들어도 돼요?
eumakeul deureodo dwaeyo
Darf ich Musik hören?

A: 네, 들으세요.
ne, deureuseyo
Ja, hören Sie.

1 Bilden Sie die informelle Höflichkeitsform.

Infinitiv		Konverbalform	müssen	dürfen
오다	kommen	와	와야 해요	와도 돼요?
1. 주다	geben	줘		
2. 자다	schlafen	자		
3. 쓰다	schreiben	써		
4. 사다	kaufen	사		
5. 하다	machen	해		
6. 보다	sehen	봐		
7. 읽다	lesen	읽어		
8. 치다	schlagen	쳐		
9. 먹다	essen	먹어		
10. 마시다	trinken	마셔		

2 Bilden Sie mit den folgenden Wörtern Sätze.

> 밥 Reis   빵 Brot   운동 Sport   한국말 Koreanisch
> 물 Wasser   하다 machen   배우다 lernen   먹다 essen
> 마시다 trinken   사다 kaufen

Z.B.: Ich muss Taxi fahren. 택시를 타야 해요.

1. Ich muss Reis essen. _____을 _____

2. Ich muss Wasser trinken. _____을 _____

3. Ich muss Sport machen. _____을 _____

4. Wir müssen Brot kaufen _____을 _____

5. Ich muss Koreanisch lernen. _____을 _____

3 Bitten Sie mit folgenden Wörtern um Erlaubnis.

> 텔레비전 Fernseher   초콜릿 Schokolade   담배 Zigarette
> 피우다 rauchen   보다 sehen   먹다 essen   전화하다 anrufen

Z.B.: Darf ich schlafen? 자도 돼요?

1. Darf ich fernsehen? _____

2. Darf ich rauchen? _____

3. Darf ich Schokolade essen? _____

4. Darf ich anrufen? _____

Grammatik

Verben: Sollen wir …? / Lasst uns …

Vorschlag: Sollen wir …?

Der Sprecher macht seinem Gesprächpartner einen Vorschlag indem er an den Verbstamm (으)ㄹ 까요 [eul kkayo] anhängt. Der Sprecher ist hier einbezogen.

- **Vvok + ㄹ까요?**

Infinitiv	Vvok + ㄹ까요		
가다 gehen	가 + ㄹ까요	갈까요	sollen wir gehen
마시다 trinken	마시 + ㄹ까요	마실까요	sollen wir trinken
주다 geben	주 + ㄹ까요	줄까요	sollen wir geben

- **Vkon + 을까요?**

Infinitiv	Vkon + 을까요		
먹다 essen	먹 + 을까요	먹을까요	sollen wir essen
읽다 lesen	읽 + 을까요	읽을까요	sollen wir lesen
받다 bekommen	받 + 을까요	받을까요	sollen wir bekommen

Aufforderung: Lasst uns …

Indem an den Verbstamm (으)ㅂ시다 [eupsida] angehängt wird, wird eine höfliche Aufforderung ausgedrückt. Sie bezieht den Sprecher mit ein. Im Deutschen wird sie mit „Lasst uns…" übersetzt.

- **Vkon + ㅂ시다**

Infinitiv	Vvok + ㅂ시다		
가다 gehen	가 + ㅂ시다	갑시다	lasst uns gehen
보다 sehen	보 + ㅂ시다	봅시다	lasst uns sehen
주다 geben	주 + ㅂ시다	줍시다	lasst uns geben

- **Vkon + 읍시다**

Infinitiv	Vkon + 읍시다		
먹다 essen	먹 + 읍시다	먹읍시다	lasst uns essen
읽다 lesen	읽 + 읍시다	읽읍시다	lasst uns lesen
받다 bekommen	받 + 읍시다	받읍시다	lasst uns bekommen

F: 언제 갈까요?
eonje galkkayo
Wann sollen wir gehen?

A: 지금 갑시다.
jigeum gapsida
Lasst uns jetzt gehen.

F: 무엇을 먹을까요?
mueoseul meogeulkkayo
Was sollen wir essen?

A: 비빔밥을 먹읍시다.
bibimbabeul meogeupsida
Lasst uns Bibimbap essen.

F: 어디에서 만날까요?
eodieseo mannalkkayo
Wo sollen wir uns treffen?

A: 백화점에서 만납시다.
baekhwajeomeseo mannapsida
Lasst uns uns im Kaufhaus treffen.

F: 무엇을 살까요?
mueoseul salkkayo
Was sollen wir kaufen?

A: 빵하고 과일을 삽시다.
ppanghago gwaileul sapsida
Lasst uns Brot und Obst kaufen.

1 Bilden Sie die Vorschlags- und Aufforderungsform.

Infinitiv		Vorschlag	Aufforderung
가다	gehen	갈까요?	갑시다
1. 오다	kommen		
2. 보다	sehen		
3. 타다	fahren		
4. 읽다	lesen		
5. 주다	geben		
6. 하다	machen		
7. 쓰다	schreiben		
8. 배우다	lernen		
9. 마시다	trinken		
10. 기다리다	warten		

2 Antworten Sie mit den angegebenen Wörtern.

Z.B.: A 어디에 갈까요? *eodie galkkayo* Wohin sollen wir gehen?
B (인사동): 인사동에 갑시다. *insadonge gapsida* Lasst uns nach Insadong fahren.

1. A 무엇을 먹을까요? Was sollen wir essen?
   B (갈비) _____

2. A 무엇을 마실까요? Was sollen wir trinken?
   B (맥주) _____

3. A 언제 만날까요? Wann sollen wir uns treffen?
   B (일요일) _____

4. A 어디에서 만날까요? Wo sollen wir uns treffen?
   B (백화점) _____

5. A 무엇을 할까요? Was sollen wir machen?
   B (테니스 치다) _____

6. A 무엇을 볼까요? Was sollen wir ansehen?
   B (한국영화 보다) _____

7. A 시작할까요? Sollen wir anfangen?
   B (시작하다) _____

Verben: Partizip Präsens

Partizip Präsens

Das Partizip Präsens wird gebildet, indem an den Verbstamm 는 [neun] oder (으)ㄴ [eun] angehängt wird. Es steht vor dem Nomen und dient dessen Beschreibung. Bei Eigenschaftsverben entspricht die Funktion des Partizip Präsens der eines Adjektivs. Das Nomen ist im Satz Subjekt oder Objekt. 는 wird im Präsens mit Prozessiven Verben bzw. 있다 / 없다 verwendet. (으)ㄴ wird bei Eigenschaftsverben verwendet. Der Relativsatz existiert im Koreanischen nicht, stattdessen wird das Partizip Präsens verwendet.

Stamm Prozessiver Verben + 는

Infinitiv		Verbstamm + 는		
가다	gehen	가 + 는	가는	ganeun
보다	sehen	보 + 는	보는	boneun
먹다	essen	먹 + 는	먹는	meokneun
맛있다	gut schmecken	맛있 + 는	맛있는	manninneun

커피를 마시는 사람 *keopireul masineun saram*
 Die Person, die Kaffee trinkt. (wörtl.: die Kaffee trinkende Person)
김치를 좋아하는 사람 *gimchireul choahaneun saram*
 Die Person, die Gimchi mag. (wörtl.: die Gimchi mögende Person)
재미있는 영화를 보는 토마스 *jaemiinneun yeonghwareul boneun tomas*
 Thomas, der einen interessanten Film sieht. (wörtl.: der den interessanten Film sehende Thomas)

F: 누가 동생이에요?
 nuga dongsaengieyo
 Wer ist Ihr Bruder?

A: 지금 음악을 듣는 사람이 동생이에요.
 jigeum eumageul deutneun sarami dongsaengieyo
 Die Person, die gerade Musik hört, ist mein Bruder.

F: 무엇을 먹을까요?
 mueoseul meogeulkkayo
 Was sollen wir essen?

A: 맛있는 한국음식을 먹읍시다.
 manninneun hankukeumsikreul meogeupsida
 Lass uns leckeres koreanisches Essen essen.

Stamm der Eigenschaftsverben + (으)ㄴ

Infinitiv		Vvok + ㄴ		
예쁘다	(hübsch sein)	예쁘 + ㄴ	예쁜	yeppeun
싸다	(billig sein)	싸 + ㄴ	싼	ssan

Infinitiv		Vkons + 은		
많다	(viel sein)	많 + 은	많은	maneun
작다	(klein sein)	작 + 은	작은	jageun

예쁜 옷을 사요. *yeppeun oseul sayo* Ich kaufe hübsche Kleidung.
토마스는 좋은 친구예요. *tomasneun joeun chinguyeyo* Thomas ist ein guter Freund.

F: 무엇을 봤어요?
 mueoseul bwaseoyo
 Was haben Sie gesehen?

A: 슬픈 영화를 봤어요.
 seulpeun yeonghwareul bwaseoyo
 Einen traurigen Film habe ich gesehen.

F: 누구를 만났어요?
 nugureul mannaseoyo
 Wen haben Sie getroffen?

A: 좋은 친구를 만났어요.
 joeun chingureul mannaseoyo
 Einen guten Freund habe ich getroffen.

1 Bilden Sie das Partizip Präsens.

Infinitiv		Partizip Präsens
가다	gehen	가는
1. 타다	fahren	
2. 읽다	lesen	
3. 재미있다	interessant sein	
4. 기다리다	warten	
5. 늦다	spät sein	
6. 아프다	krank sein	

2 Bilden Sie Sätze mit den folgenden Wörtern.

z.B.: (콜라, 마시다) 사람이 제 동생이에요. (Cola trinken) die Person ist mein Bruder.
    콜라를 마시는 사람이 제 동생이에요. Die Person, die Cola trinkt, ist mein Bruder.

1. (불고기, 먹다) 사람이 독일친구예요. _____
   (Bulgogi essen) die Person ist ein deutscher Freund.

2. (버스, 기다리다) 사람이 많아요. _____
   (Bus warten) die Personen sind viele.

3. (한국사람, 좋아하다) 음식은 갈비예요. _____
   (Koreaner mögen) das Gericht ist Galbi.

4. (시청에, 가다) 버스는 7021이에요. _____
   (Zum Rathaus gehen) der Bus ist 7021.

3 Ergänzen Sie den Dialog mit den angegebenen Wörtern.

> 빠르다 schnell sein   많다 viel sein   비싸다 teuer sein
> 재미없다 uninteressant sein   작다 klein sein   크다 groß sein

Z.B. F: 어떤 차를 사고 싶어요? Was für ein Auto möchten Sie kaufen?
    A: 큰 차를 사고 싶어요. Ich möchte ein großes Auto kaufen.

1. F: 어제 무슨 영화를 봤어요?   A: _____ 영화를 봤어요.
   Was für einen Film haben Sie gesehen?   Ich sah einen uninteressanten Film.

2. F: 어떤 음악을 좋아해요?   A: _____ 음악을 좋아해요.
   Was für eine Musik mögen Sie?   Ich mag schnelle Musik.

3. F: 생일파티를 해요?   A: 네, _____ 파티를 해요.
   Machen Sie eine Geburtstagsparty?   Ja, ich mache eine kleine Party.

4. F: 사람이 왔어요?   A: 네, _____ 사람이 왔어요.
   Sind Leute gekommen?   Ja, viele Menschen sind gekommen.

5. F: 무엇을 샀어요?   A: _____ 시계를 샀어요.
   Was haben Sie gekauft?   Ich habe eine teure Uhr gekauft.

Satzverknüpfung: und / aber

Koordinative Satzverknüpfung: und

Die koordinative Satzverknüpfung wird gebildet, indem an den Verbstamm des ersten Satzes 고 [go] angehängt wird. Mit 고 können zwei oder mehrere Sätze mit „und" bzw. „und danach" verknüpft werden.

Verbstamm + 고

Infinitiv		Verbstamm + 고			
가다	gehen	가 + 고		가고	gago
보다	sehen	보 + 고		보고	bogo
먹다	essen	먹 + 고		먹고	meokgo
춥다	kalt sein	춥 + 고		춥고	chupgo
예쁘다	hübsch sein	예쁘 + 고		예쁘고	yeppeugo

저는 운동을 하고, 회사에 가요. *jeoneun undongeul hago hoesae gayo*
  Ich mache Sport und danach gehe ich in die Firma.
밥을 먹고, 숙제를 해요. *babeul meokgo sukjereul haeyo*
  Ich esse und danach mache ich die Hausaufgaben.
저는 커피 마시고, 친구는 차 마셔요. *jeoneun keopi masigo chinguneun cha masyeoyo*
  Ich trinke Kaffee und mein Freund trinkt Tee.
이 옷은 싸고, 예뻐요. *i oseun ssago yeppeoyo*
  Diese Kleidung ist billig und hübsch.

Gegensätzliche Satzverknüpfung: aber

Die gegensätzliche Satzverknüpfung wird gebildet, indem an den Verbstamm des ersten Satzes 지만 [jiman] angehängt wird. Mit 지만 kann man zwei kontrastive Sätze verknüpfen. Dies wird im Deutschen mit „aber" bzw. „zwar..., aber..." übersetzt.

Verbstamm + 지만

Infinitiv		Verbstamm + 지만			
가다	gehen	가 + 지만		가지만	gajiman
보다	sehen	보 + 지만		보지만	bojiman
먹다	essen	먹 + 지만		먹지만	meokjiman
춥다	kalt sein	춥 + 지만		춥지만	chupjiman
예쁘다	hübsch sein	예쁘 + 지만		예쁘지만	yeppeujiman

저는 가지만 친구는 안 가요. *jeoneun gajiman chinguneun an gayo*
  Ich gehe, aber mein Freund geht nicht.
오늘 비는 오지만 등산해요. *oneul bineun ojiman deungsanhaeyo*
  Heute regnet es, aber ich steige auf den Berg.
한국어는 어렵지만 재미있어요. *hangugeoneun eoryeopjiman jaemiiseoyo*
  Koreanisch ist zwar schwierig aber interessant.
빵은 비싸지만 과일은 싸요. *ppangeun bissajiman gwaireun ssayo*
  Brot ist teuer, aber Obst ist billig.

1. Bilden Sie die Satzverknüpfungen „und" und „aber".

Infinitiv		und	aber
오다	kommen	오고	오지만
1. 먹다	essen		
2. 자다	schlafen		
3. 맵다	scharf sein		
4. 비싸다	teuer sein		
5. 예쁘다	hübsch sein		

2. Verknüpfen Sie die Sätze mit 고.

Z.B.: 저녁을 먹다. 쉬어요. Abend essen. Sich ausruhen.
저녁을 먹고, 쉬어요. Ich esse zu Abend und ruhe mich aus.

1. 한국어를 배우다. 일본어도 배워요. _____
Koreanisch lernen. Auch Japanisch lernen.

2. 아침을 먹다. 회사에 가요. _____
Frühstücken. In die Firma gehen.

3. 독일사람은 치즈를 좋아하다. 한국사람은 김치를 좋아해요. _____
_____
Deutsche mögen Käse. Koreaner mögen Gimchi.

4. 지하철이 싸다. 빨라요. _____
Die U-Bahn ist billig. Sie ist schnell.

5. 7월에 덥다. 비가 많이 와요. _____
Im Juli ist es heiß. Es regnet viel.

3. Verknüpfen Sie die Sätze mit 지만.

Z.B.: 날씨가 좋다. 일을 해요. Das Wetter ist gut. Ich arbeite.
날씨가 좋지만 일을 해요. Das Wetter ist gut, aber ich arbeite.

1. 바나나는 맛있다. 사과는 맛없어요. _____
Bananen schmecken gut. Der Apfel schmeckt nicht.

2. 불고기는 먹다. 김치는 안 먹어요. _____
Bulgogi essen. Kein Gimchi essen.

3. 저는 서울에 살다. 가족은 부산에 살아요. _____
Ich wohne in Seoul. Meine Familie wohnt in Busan.

4. 토마스는 맥주를 마시다. 저는 안 마셔요. _____
Thomas trinkt Bier. Ich trinke nicht.

Satzverknüpfung: weil … , da … / wenn …

Kausaler Nebensatz: weil / da

Im Koreanischen steht der Nebensatz grundsätzlich vor dem Hauptsatz. Der kausale Nebensatz (weil…/da…) wird gebildet, indem an die Konverbalform 서 seo angehängt wird. Der kausale Nebensatz mit 서 steht immer in der Gegenwart.

Konverbalform + 서

Infinitiv		Konverbalform + 서			
오다	kommen	와 + 서		와서	waseo
먹다	essen	먹어 + 서		먹어서	meogeoseo
아프다	krank sein	아파 + 서		아파서	apaseo
있다	haben, existieren	있어 + 서		있어서	iseoseo

비가 와서 산에 안 가요. *biga waseo sane an gayo* Weil es regnet, gehe ich nicht auf den Berg.
시간이 없어서 안 했어요. *sigani eopseoseo an haeseoyo*
Da ich keine Zeit hatte, habe ich es nicht gemacht.

F: 왜 안 먹어요?
we an meogeoyo
Warum essen Sie nicht?

A: 배가 아파서 못 먹어요.
baega apaseo mot meogeoyo
Da ich Bauchschmerzen habe, kann ich nicht essen.

F: 왜 피곤해요?
we pigonhaeyo
Warum sind Sie müde?

A: 어제 못 자서 피곤해요.
eoje mot jaseo pigonhaeyo
Weil ich gestern nicht schlafen konnte, bin ich müde.

Konditionaler Nebensatz: wenn

Der konditionale Nebensatz (wenn …) wird gebildet, indem an den Verbstamm (으)면 [*eumyeon*] angehängt wird.

Verbstamm + (으)면

Infinitiv		Vvok + 면			
가다	gehen	가 + 면		가면	gamyeon
예쁘다	hübsch sein	예쁘 + 면		예쁘면	yeppeumyeon

Infinitiv		Vkon + 으면			
먹다	essen	먹 + 으면		먹으면	meogeumyeon
맛있다	gut schmecken	맛있 + 으면		맛있으면	manniseumyeon

비가 오면 집에 있겠어요. *biga omyeon jibe itgeseoyo* Wenn es regnet, werde ich zu Hause bleiben.
배가 아프면 약을 먹어야 해요. *baega apeumyeon yageul meogeoya haeyo*
Wenn man Bauchschmerzen hat, muss man Medikamente einnehmen.

F: 날씨가 좋으면 같이 등산할까요?
nalssiga joeumyeon gachi deungsanhalkkayo
Wenn das Wetter schön ist, sollen wir Berg steigen?

A: 네, 좋아요.
ne joayo
Ja, schön.

F: 돈이 있으면 무엇을 하고 싶어요?
doni iseomyeon mueoseul hago sipeoyo
Was wollen Sie machen, wenn Sie Geld haben?

A: 여행을 하고 싶어요.
yeohaengeul hago sipeoyo
Ich will reisen.

1 Bilden Sie die kausale und konditionale Satzverknüpfung.

Infinitiv		kausal 서	konditional (으)면
오다	kommen	와서	오면
1. 가다	gehen		
2. 많다	viel sein		
3. 아프다	krank sein		
4. 비싸다	teuer sein		
5. 있다	da sein, haben		

2 Verknüpfen Sie die Sätze mit 서.

Z.B.: 커피를 안 마셔요. (배가 아프다) Ich trinke keinen Kaffee. (Bauchweh haben)
배가 아파서 커피를 안 마셔요. Da ich Bauchweh habe, trinke ich keinen Kaffee.

1. 등산 갈 수 없어요. (비가 많이 오다) _____
   Ich kann nicht Berg steigen (viel regnen)

2. 아이스크림 먹고 싶어요. (너무 덥다) _____
   Ich will Eiscreme essen. (zu heiß sein)

3. 피곤해요. (어제 술을 많이 마시다) _____
   Ich bin müde. (gestern viel Alkohol trinken)

4. 미안해요. (전화 못 하다) _____
   Ich entschuldige mich. (nicht anrufen können)

3 Verknüpfen Sie die Sätze mit (으)면.

Z.B.: 산책 갑시다. (날씨가 좋다) Lass uns spazieren. (Das Wetter gut sein)
날씨가 좋으면 산책 갑시다. Lass uns spazieren, wenn das Wetter schön ist.

1. 저도 안 가겠어요. (친구가 안 가다) _____
   Ich werde auch nicht gehen. (mein Freund geht nicht)

2. 집에서 텔레비전을 보겠어요. (비가 오다) _____
   Ich werde zu Hause fernsehen. (viel regnen)

3. 김치하고 불고기를 먹어 보겠어요. (한국에 가다) _____
   _____
   Ich werde Gimchi und Bulgogi probieren. (nach Korea gehen)

4. 부산에 가고 싶어요. (시간이 있다) _____
   Ich will nach Busan gehen. (Zeit haben)

Zahlen: Sinokoreanische Zahlen / Zahlwörter 1

Im Koreanischen gibt es zwei verschiedene Zahlenreihen: die sinokoreanischen Zahlen, die sich an das Chinesische anlehnen und die (rein) koreanischen Zahlen. Sie werden mit unterschiedlichen Zahlwörtern benutzt. Die sinokoreanischen Zahlen sind:

Sinokoreanische Zahlen

0	공 gong / 영 yoeng	11	십일 sibil		1,000	천	cheon
1	일 il	20	이십 isip		10,000	만	man
2	이 i	30	삼십 samsip		100,000	십만	sipman
3	삼 sam	40	사십 sasip		1,000,000	백만	baekman
4	사 sa	50	오십 osip		10,000,000	천만	cheonman
5	오 o	60	육십 yuksip		100,000,000	억	eok
6	육 yuk	70	칠십 chilsip				
7	칠 chil	80	팔십 palsip				
8	팔 pal	90	구십 gusip				
9	구 gu	100	백 baek				
10	십 sip						

Beliebige sinokoreansiche Zahlen werden gebildet, indem man eine Zahl als Faktor ohne Leerzeichen vor die Grundzahl (Zehn, Einhundert, Tausend usw.) setzt und die niedrigere Einheit dahinter mit Leerzeichen anfügt. Beispiel: 53 = 5 Zehn 3 = 오십 삼 [osip sam] und 23353 = 2 Zehntausend 3 Tausend 3 Hundert 5 Zehn 3 = 이만 삼천 삼백 오십 삼 [iman samcheon sambaek osip sam].

Zahlwörter mit sinokoreanischen Zahlen

Die sinokoreanischen Zahlen werden vor allem mit den Zahlwörtern für Geldbeträge, Datum, Nummern (Telefon, Bus etc.) und Stockwerkangaben verwendet. Vorsicht: für Minuten- und Sekundenangaben verwendet man die sinokoreanische, für die Stunden allerdings die koreanische Zahlenreihe.

Preis		
원 won Won	십 원 sib won, 오십 원 osib won, 백 원 baeg won, 오백 원 obaeg won, 천 원 cheon won, 오천 원 ocheon won, 만 원 man won …	
유로 yuro Euro	일 유로 il yuro, 이 유로 i yuro, 오 유로 o yuro, 십 유로 sip yuro …	
달러 dalleo Dollar	일 달러 il dalleo, 십 달러 sip dalleo, 이십 달러 isip dalleo …	
Nummer 번 beon	일 번 il beon, 이 번 i beon, 삼 번 sam beon, 사 번 sa beon …	
Etage 층 cheung	일 층 il cheung, 이 층 i cheung, 삼 층 sam cheung, 사 층 sa cheung …	
Datum 년 Jahr	일 년 il lyeon, 이 년 i nyeon, 삼 년 sam nyeon, 사 년 sa nyeon …	
월 Monat	일월 irwol Januar, 이월 iwol Februar, 삼월 samwol März, 사월 sawol April, 오월 owol Mai, 유월 yuwol Juni, 칠월 chirwol Juli, 팔월 parwol August, 구월 guwol September, 시월 siwol Oktober, 십일월 sibirwol November, 십이월 sibiwol Dezember	
일 Tag	일 일 il il, 오 일 o il, 십 일 sib il, 이십 일 isib il, 삼십일 일 samsibir il …	

> Unregelmäßig sind 유월 Juni und 시월 Oktober.

1 Wie viel ist das?

1. 육 + 삼 + 구 = 6+3+9=18 = 십팔 =18
2. 일 + 팔 + 십이 = 1+8+12=21 = 이십일 =21
3. 이십오 – 사 – 십 = 25-4-10= 십일 =11
4. 삼십 – 이십오 + 육 = 30-25+6 = 십일 =11
5. 칠 x 십 x 이 = 7×10×2 = 140 = 백사십
6. 팔십 일 ÷ 구 ÷ 삼 = 81÷9÷3 = 삼 =3
7. 오십오 x 이 – 육십 = 55×2-60 = 오십 =50
8. 칠십칠 ÷ 십일 x 삼 = 77÷11×4 = 이십 팔

+ = 더하기
− = 빼기
× = 곱하기
÷ = 나누기
= = 는
(이론)

2 Lesen und schreiben Sie auf Koreanisch. 얼마예요?

Z.B.: 10,000원: 만원입니다.

1. 600원 육 백원 입니다
2. 7,500원 실천 오백 원
3. 98,700원 구 만 팔천 십 백
4. 5,491,000원 오백만 사십만 구만 천

3 Markieren Sie die richtige Antwort.

1. 얼마입니까? Was kostet das?
   A ☐ 삼월 팔일입니다. B ☒ 오천오백원입니다. C ☐ 오층입니다.
2. 어디에 살아요? Wo wohnen Sie?
   A ☒ 십 층에 살아요. B ☐ 팔십삼유로입니다. C ☐ 칠백삼십번에 있어요.
3. 언제 부산에 가요? Wann fahren Sie nach Busan?
   A ☒ 사월에 가요. B ☐ 오백칠십삼달러에 가요. C ☐ 일번에 가요.
4. 몇 번 버스입니까? Welche Nummer hat der Bus?
   A ☐ 십이월에 와요. B ☒ 사백칠십일 번이에요. C ☐ 이십 4층이에요.

4 Bitte antworten Sie auf Koreanisch.

Z.B: 제 생일은 구월 육 일입니다.

1. 생일이 언제예요? (25. Mai. 1973) 이십오 오월 천구백칠십삼.
2. 크리스마스 (Weihnachten) 는 언제예요? 이십일 십이월
3. 몇 층에 살아요? (17) 십 칠 층에 살아요.
4. 전화번호는 무엇입니까? (01-245-6789) 공일 이 사오 육십팔구.

Zahlen: Koreanische Zahlen / Zahlwörter 2

Die koreanischen Zahlen lauten wie folgt:

Koreanische Zahlen

1	하나 (한) hana (han)		11	열 하나 (한) yeol hana (han)
2	둘 (두) dul (du)		20	스물 (스무) seumul (seumu)
3	셋 (세) set (se)		30	서른 seoreun
4	넷 (네) net (ne)		40	마흔 maheun
5	다섯 daseot		50	쉰 swin
6	여섯 yeoseot		60	예순 yesun
7	일곱 ilgop		70	일흔 ilheun
8	여덟 yeodeol		80	여든 yeodeun
9	아홉 ahop		90	아흔 aheun
10	열 yeol			

Die koreanischen Zahlen werden von 1 – 99 verwendet. Bei einer Zahl, die höher als die jeweilige Zehnereinheit ist, wird die einstellige Zahl direkt angehängt, Beispiel: 56 = 쉰여섯 swinyeoseot.
In Verbindung mit einem Zahlwort werden die koreanischen Zahlen für 1 - 4 und 20 verkürzt.

Zahlwörter mit koreanischen Zahlen

Die Zahlen werden vor allem mit folgenden Zahlwörtern verwendet: Personenanzahl, Tiere, Gegenstände (Stück, Flaschen, Tassen, Bände, Blätter, Maschinen), Uhrzeit- und Stundenangaben.

Menschen 사람 saram	한 사람 han saram, 두 사람 du saram, 세 사람 se saram, 네 사람 ne saram, 다섯 사람 daseot saram …
명 myeong (neutral)	한 명 han myeong, 두 명 du myeong, 세 명 se myeong …
분 bun (honorativ)	한 분 han bun, 두 분 du bun, 세 분 se bun, 네 분 ne bun …
Gegenstände 개 gae (Stück)	사과 한 개 sagwa han gae, 사과 두 개 sagwa du gae, 사과 세 개 sagwa se gae, 사과 네 개 sagwa ne gae …
병 byeong (Flasche)	맥주 한 병 maekju han byeong, 맥주 두 병 maekju du byeong …
잔 jan (Tasse)	우유 세 잔 uyu se jan, 우유 네 잔 uyu ne jan …
권 gwon (Buchband)	책 다섯 권 chaek daseot gwon, 책 여섯 권 chaek yeoseot gwon
장 jang (Blatt Papier)	종이 일곱 장 jongi ilgop jang, 종이 여덟 장 jongi yeodeol jang …
Maschinen 대 dae	자동차 한 대 jadongcha han dae, 자동차 두 대 jadongcha du dae …
Tiere 마리 mari	개 한 마리 gae han mari, 개 두 마리 gae du mari …
Alter 살 sal	열 살 yeol sal, 스무 살 seumu sal, 서른 살 seoreun sal, 마흔 살 maheun sal, 쉰 살 swin sal, 예순 살 yesun sal …

Beispiele für die Verkürzung der Zahlen in Verbindung mit einem Zahlwort: 한 사람, 두 병, 세 마리, 네 잔

1 Wie gehen diese Zahlenreihen weiter?

1. 둘 – 넷 – 여섯 … _____
2. 하나 – 셋 – 다섯… _____
3. 셋 – 여섯 – 아홉 … _____
4. 열 – 스물 – 서른 … _____
5. 쉰다섯 – 마흔넷 – 서른 셋 … _____
6. 아흔 아홉 – 여든 여덟 – 일흔 일곱 … _____

2 Markieren Sie die richtige Antwort.

1. 차를 얼마나 마셨어요? Wie viele Tassen Tee haben Sie getrunken?
   A ☐ 다섯 개 마셨어요.   B ☐ 다섯 잔 마셨어요.   C ☐ 다섯 대 마셨어요.
2. 한국사람이 많이 왔어요? Sind viele Koreaner gekommen?
   A ☐ 네 살 왔어요.   B ☐ 네 병 왔어요.   C ☐ 네 명 왔어요.
3. 몇 살이에요? Wie alt sind Sie?
   A ☐ 스무 다섯 명이에요.   B ☐ 서른 세 살이에요.   C ☐ 마흔 일곱 개예요.
4. 오렌지 얼마나 샀어요? Wie viele Orangen haben Sie gekauft?
   A ☐ 네 명 샀어요.   B ☐ 다섯 분 샀어요.   C ☐ 여섯 개 샀어요.
5. 컴퓨터 있어요? Haben Sie Computer?
   A ☐ 네, 두 대 있어요.   B ☐ 네, 일곱 잔 마셔요.   C ☐ 네, 두 장 사요.

3 Beantworten Sie die Fragen mit den Zahlen in der Klammer.

1. 가방을 몇 개 사요? (3) Wie viele Taschen kaufen Sie?
   _____

2. 맥주 얼마나 마셔요? (4) Wie viele Biere trinken Sie?
   _____

3. 고양이 몇 마리 있어요? (1) Wie viele Katzen haben Sie?
   _____

4. 사과와 바나나가 몇 개 있어요? (4, 5) Wie viele Äpfel und Bananen gibt es? _____
   _____

5. 자동차가 몇 대 있어요? (2) Wie viele Autos haben Sie? _____
   _____

6. 커피를 몇 잔 마셔요? (6) Wie viele Tassen Kaffee trinken Sie?
   _____

Sich begrüßen / Nach dem Befinden fragen / Sich verabschieden

▶ 안녕하세요? 이민수씨! *annyeonghaseyo iminsussi* Guten Tag, Herr Min-Su Lee!
▷ 안녕하세요? 박지영씨! *annyeonghaseyo bakjiyeongssi* Guten Tag, Frau Ji-Yeong Park!
▶ 어떻게 지내세요? *eotteoke jineseyo* Wie geht es Ihnen?
▷ 잘 지내요. 감사합니다. *jal jinaeyo gamsahamnida* Gut. Danke schön.

> Im Koreanischen wird zuerst der Familienname angegeben, der meistens einsilbig ist, und dann der Vorname genannt. An den Vornamen wird dann 씨 [*ssi*] angehängt, was soviel bedeutet wie Herr oder Frau. Bei koreanischen Namen wird noch oft die alte Transkription angegeben.

Sich begrüßen

G8 Formell: 안녕하십니까? *annyeonghasimnikka* Guten Morgen. / Guten Tag. / Guten Abend.
(wörtl.: Leben Sie in Frieden?)
G13 Informell: 안녕하세요? *annyeonghaseyo* Guten Morgen. / Guten Tag. / Guten Abend.

Informeller bzw. unter guten Bekannten grüßt man sich mit:
안녕! *annyeong* Hi! / Hallo!

Nach dem Befinden fragen

Die Frage *Wie geht's?* lautet:
어떻게 지내세요? *eotteoge jinaeseyo* Wie geht es Ihnen?
어떻게 지내? *eotteoge jinae* Wie geht es dir?
(이민수)씨는요? *(iminsu)ssineunyo* Und Ihnen (Min-Su Lee)?
너는? *neoneun* Und dir?

Beantwortet wird diese Frage mit:
아주 잘 지내요. *aju jal jinaeyo* Ausgezeichnet.
잘 지내요. *jal jinaeyo* Gut.
그저 그래요. *geujeo geuraeyo* Es geht so.

Sich verabschieden

Zum Abschied sagen Sie, wenn Sie den Ort verlassen:
Formell: 안녕히 계십시오. *annyeonghi gyesipsio* Auf Wiedersehen!
Informell: 안녕히 계세요. *anneonghi gyeseyo* Auf Wiedersehen!

Wenn Sie bleiben sagen Sie zum Gehenden:
Formell: 안녕히 가십시오. *annyeonghi gasipsio* Auf Wiedersehen!
Informell: 안녕히 가세요. *annyeonghi gaseyo* Auf Wiedersehen!
또 뵙겠습니다. *tto boepgetseumnida* Wir sehen uns wieder.
또 만나요. *tto manayo* Bis Gleich! (wörtl.: Wir treffen uns wieder.)

행운을 빌어요. *haenguneul bireoyo* Viel Glück!

> Treffen Sich zwei Personen auf der Straße, sagen sie beide beim Abschied zueinander
> 안녕히 가세요. [*annyeonghi gaseyo*]

1 Was sagen Sie zum Abschied und was zur Begrüßung? Ordnen Sie die Ausdrücke den entsprechenden Spalten zu.

> 안녕히 가세요.   안녕하세요?   잘 지내요.   안녕히 계세요!
> 안녕!   어떻게 지내세요?   또 뵙겠습니다.   행운을 빌어요.

Begrüßung	Befinden	Abschied

2 Die folgenden zwei Dialoge sind leider unvollständig. Können Sie die Dialoge vervollständigen?

Informell

1. _____, 민수!
2. 안녕, 지영!
3. _____?
4. 그저 그래. _____?

Formell

5. _____? 이민수씨!
6. _____? 박지영씨!
7. _____?
8. 네 잘 지내요. _____?

3 Begrüßen Sie folgende Personen. In manchen Fällen sind mehrere Begrüßungsformeln möglich.

1. einen Lehrer am Abend _____
2. einen unbekannten Menschen am Morgen _____
3. ihre Freundin am Tage _____
4. ihren Chef am Morgen _____
5. eine unbekannte Frau am Mittag _____

4 Wie geht es Ihnen? 잘 지내세요? Was antworten Sie auf diese Frage bei folgenden Gemütslagen?

1. (Es geht mir sehr gut.)

   _____

2. (Es geht mir gut.)

   _____

3. (Es geht so.)

   _____

Sich / jemanden vorstellen

▶ 안녕하세요? — annyeonghaseyo — Guten Tag!
제 소개를 하겠습니다. — je sogaereul hagetseumnida — Darf ich mich vorstellen?
제 이름은 이민수입니다. — je ireumeun iminsuimnida — Mein Name ist Min-Su Lee.
성함이 어떻게 되세요? — seonghami eotteoke doeseyo — Wie heißen Sie?
▷ 저는 박지영입니다. — jeoneun bakjiyeongimnida — Ich bin Ji-Yeong Park.
만나서 반갑습니다. — mannaseo bangapseumnida — Freut mich, Sie kennen zu lernen.

▶ 저도 만나서 반갑습니다. — jeodo mannaseo bangapseumnida — Gleichfalls.

Sich vorstellen

Wenn Sie sich vorstellen wollen, können Sie dies so einleiten:

제 소개를 하겠습니다. *je sogaereul hagetseumnida*   Darf ich mich vorstellen?

Danach nennen Sie normalerweise Ihren eigenen Namen:

제 이름은 ··· *je ireumeun*   Mein Name ist …
저는 ··· 입니다. *jeoneun imnida*   Ich bin …

und fragen nach dem Namen Ihres Gesprächspartners:

성함이 어떻게 되세요? *seonghami eotteoke doeseyo*   Wie heißen Sie? / Wie ist Ihr Name?
이름이 뭐니? *ireumi mwoni*   Wie ist dein Name?

Jemanden vorstellen

Bei der Vorstellung einer dritten Person sagen Sie:

···을/를 소개하겠습니다.   Darf ich Sie miteinander bekannt machen?
eul/reul sogaehagetseumnida
···을/를 소개할게. *eul/reul sogaehalge*   Darf ich euch miteinander bekannt machen?
소개해도 될까요? *sogaehaedo doelkkayo*   Darf ich vorstellen?
이 분은 ··· 씨입니다. *ibuneun …ssiimnida*   Das ist Herr / Frau … (Honorativ, siehe Infobox)
이 사람은 ··· 씨입니다. *isarameun …ssiimnida*   Das ist Herr / Frau …

Auf eine Vorstellung reagieren Sie mit:

만나서 반갑습니다.   Freut mich, Sie kennen zu lernen.
mannaseo bangapseumnida   (wörtl.: Weil ich Sie treffe, freue ich mich.)
저도 만나서 반갑습니다.   Gleichfalls.
jeodo mannaseo bangapseumnida

> Im Koreanischen nennt man bei der Vorstellung am besten die Position einer dritten Person z.B. 친구를 / 선생님을 / 사장님을 소개하겠습니다. [*chingureul / seonsaengnimeul / sajangnimeul sogaehagetseumnida*] (den Freund, den Lehrer, den Chef vorstellen). Wenn man jemanden kennen lernt, sagt man die Floskel 처음 뵙겠습니다. [*cheoeum beopgetseumnida*] (Ich sehe Sie zum ersten Mal).
> 성함 [*seongham*] ist die Honorativform vom 이름 [*ireum*] (Name). 분 [*bun*] ist die Honorativform vom 사람 [*saram*] (Mensch).

1 Nummerieren Sie die Sätze des Dialogs in der richtigen Reihenfolge.

☐1 안녕하세요?

☐ 제 이름은 이민수입니다.

☐ 제 소개를 하겠습니다.

☐ 성함이 어떻게 되세요?

☐ 저는 박지영입니다.

☐ 만나서 반갑습니다.

2 Min-Su Lee will sich mit Ihnen bekannt machen. Was antworten Sie?

Min-Su Lee:

안녕하세요?

처음 뵙겠습니다.
저는 이민수입니다.
성함이 어떻게 되세요?

만나서 반갑습니다.

Sie:

1. _____.

2. _____.

3. _____.

4. _____.

3 Jetzt wollen Sie sich vorstellen. Ergänzen Sie.

Sie:

1. _____.

2. _____ 이민수입니다.

   _____ 어떻게_____?

3. _____.

Ji-Yeong Park:

안녕하세요?

저는 박지영입니다.

저도 만나서 반갑습니다.

4 Stellen Sie die folgenden Personen auf Koreanisch vor.

1. Ihren Chef:

   _____.

2. Ihre beste Freundin / Ihren besten Freund:

   _____.

3. Sich selbst:

   _____.

Alter / Beruf / Adresse angeben

▶ 나이가 어떻게 되세요?	naiga eotteoke doeseyo	Wie alt sind Sie?
▷ 저는 서른 살이에요.	jeoneun seoreun sarieyo	Ich bin dreißig.
▶ 직업은 뭐예요?	jigeobeun mwoyeyo	Was machen Sie beruflich?
▷ 저는 엔지니어예요.	jeoneun enjinieoyeyo	Ich bin Ingenieur.
저는 회사에서 일해요.	jeoneun hoesaeseo ilhaeyo	Ich arbeite in einer Firma.
▶ 주소가 어떻게 되세요?	jusoga eotteoke doeseyo	Wie lautet Ihre Adresse?
▷ 서울시 서대문구 대신동 138번지예요.	seoulsi seodaemungu daesindong 138beonjiyeyo	Dae-Shin 138, Seodaemun, Seoul.

Alter angeben

나이가 어떻게 되세요?	naiga eotteoke doeseyo	Wie alt sind Sie?
몇 살이야?	myot sariya	Wie alt bist du?
저는 …	jeoneun …	Ich bin …
스물 네 살이에요.	seumul ne sarieyo	… 24 Jahre alt.
아직 서른 살이 안 됐어요.	ajik seoreun sari an dwaeseoyo	… noch keine 30.
마흔 살이 됐어요.	maheun sari dwaeseoyo	… gerade 40 geworden.
곧 열 아홉 살이 돼요.	got yeol ahopsari dwaeyo	Ich werde bald neunzehn sein.

> Wenn man ältere Leute nach dem Alter fragt, wird statt 나이 … [nai] oft 연세가 어떻게 되세요? [yeonsega eotteoke doeseyo?] verwendet. Dies ist eine höfliche und ehrerbietende Form.

Angaben zum Beruf

직업은 뭐예요?	jigeobeun mwoyeyo	Was machen Sie beruflich?
직업이 뭐니?	jigeobeun mwoni	Was machst du beruflich?
무슨 일을 하세요?	museun ireul haseyo	Welchen Beruf haben Sie?
무슨 일을 하니?	museun ireul hani	Welchen Beruf hast du?
저는 선생이에요.	jeoneun seonsaengieyo	Ich bin Lehrer / Lehrerin.
저는 학생이에요.	jeoneun haksaengieyo	Ich bin Schüler/in.
저는 대학생이에요.	jeoneun daehaksaengieyo	Ich studiere. (wörtl.: Ich bin Student/in)
어디에서 일하세요?	eodieseo ilhaseyo	Wo arbeiten Sie?
어디에서 일하니?	eodieseo ilhani	Wo arbeitest du?
저는 회사에서 일해요.	jeoneun hoesaeseo ilhaeyo	Ich arbeite in einer Firma.
학교에서 일해요.	hakgyoeseo ilhaeyo	Ich arbeite in einer Schule.
연구소에서 일해요.	yeongusoeseo ilhaeyo	Ich arbeite in einem Institut.

Angaben zur Adresse

주소가 어떻게 되세요?	jusoga eotteoke doeseyo	Wie ist Ihre Adresse?
주소가 어떻게 되니?	jusoga eotteoke doeni	Wie ist deine Adresse?
제 주소는 서울시 서대문구 대신동 138번지예요.	je jusoneun seoulsi seodaemungu daesindong baeksambippalbeonjiyeyo	Meine Adresse ist Dae-Shin 138 Seodaemun, Seoul.
저는 분당에 살아요.	jeoneun bundange sarayo	Ich wohne in Bun-Dang.

1 Eine Person wird nach ihrem Alter, Beruf und ihrer Adresse befragt. Ordnen Sie den Fragen die Antworten zu.

1. 직업이 뭐예요?
2. 나이가 어떻게 되세요?
3. 주소가 어떻게 되세요?
4. 어디에서 일하세요?
5. 몇 살이야?

A 서른 두 살입니다.
B 독일회사에서 일해요.
C 열 여섯 살이야.
D 의사예요.
E 서울시 강남구 역삼동 74번지예요.

Können Sie diese Fragen für sich selbst beantworten? Versuchen Sie es! In W2 und G25 finden Sie Wörter, die Ihnen helfen.

2 Wie drücken Sie folgende Altersangaben aus? Kreuzen Sie an.   G25

1. Ich bin zwanzig Jahre alt.
   A ☐ 저는 이십입니다.
   B ☐ 저는 스무 살입니다.
   C ☐ 저는 이십 살입니다.

2. Ich bin gerade vierzig geworden.
   A ☐ 저는 막 마흔 살이 됐어요.
   B ☐ 저는 벌써 사십 살이 됐어요.
   C ☐ 저는 아직 서른 살이 됐어요.

3. Ich werde dreiunddreißig sein.
   A ☐ 저는 서른 세 살이 됐어요.
   B ☐ 저는 삼십삼 살이 됐어요.
   C ☐ 저는 서른 세 살이 돼요.

3 Übersetzen Sie diese Fragen ins Koreanische.

1. Wie alt sind Sie?

   _____.

2. Wie alt bist du?

   _____.

3. Wie ist Ihre Adresse?

   _____.

4. Was machen Sie beruflich?

   _____.

5. Wo arbeiten Sie?

   _____.

Nationalität / Herkunft / Wohnort angeben

▶ 독일사람이세요?	dogilsaramiseyo	Sind Sie Deutscher?
▷ 네, 저는 독일에서 왔어요.	ne jeoneun dogireseo waseoyo	Ja, ich komme aus Deutschland.
박지영씨는요?	bakjiyeongssineunyo	Und Sie, Frau Ji-Yeong Park?
▶ 저는 한국사람이에요.	jeoneun hanguksaramieyo	Ich bin Koreanerin.
어디에 사세요?	eodie saseyo	Wo wohnen Sie?
▷ 저는 베를린에 살아요.	jeoneun bereulline sarayo	Ich wohne in Berlin.
박지영씨는요?	bakjiyeongssineunyo	Und Sie, Frau Ji-Yeong Park?
▶ 저는 서울에 살아요.	jeoneun seoure sarayo	Ich wohne in Seoul.

Nationalität / Herkunft angeben

어느 나라사람이세요?	eoneu narasaramiseyo	Welche Nationalität haben Sie?
어느 나라사람이니?	eoneu narasaramini	Welche Nationalität hast du?
독일사람이세요?	dogilsaramiseyo	Sind Sie Deutsche(r)?
독일사람이니?	dogilsaramini	Bist du Deutsche(r)?

W3

저는 …	jeoneun	Ich bin
한국사람이에요.	hanguksaramieyo	… Koreaner / Koreanerin.
영국사람이에요.	yeongguksaramieyo	… Engländer / Engländerin.
프랑스사람이에요.	peurangseusaramieyo	… Franzose / Französin.

G5

어디에서 왔어요?	eodieseo waseoyo	Wo kommen Sie her?
어디에서 왔니?	eodieseo wanni	Wo kommst du her?
미국에서 왔어요?	migugeseo waseoyo	Kommen Sie aus Amerika?
일본에서 왔니?	ilboneseo wanni	Kommst du aus Japan?

> Ihr Herkunftsland geben Sie mit der Postposition 에서 [eseo] an. 저는 영국/프랑스에서 왔어요. [jeoneun yeongguk/peurangseueseo waseoyo.] (Ich komme aus England/Frankreich.)

Angaben über den Wohnort machen

G13

어디에서 사세요?	eodieseo saseyo	Wo wohnen Sie?
어디에서 사니?	eodieseo sani	Wo wohnst du?

Bei einem kurzen Aufenthalt z. B. in einem Hotel

어디에서 지내세요?	eodieseo jinaeseyo	Wo wohnen Sie?
어디에서 지내니?	eodieseo jinaeni	Wo wohnst du?
베를린에서 살아요.	bereullineseo sarayo	Ich wohne in Berlin.
조선호텔에서 지내요.	joseonhotereseo jinaeyo	Ich wohne im Hotel „Joseon".
도시에서 살아요.	dosieseo sarayo	Ich wohne in der Stadt.
시골에서 살아요.	sigoreseo sarayo	Ich wohne auf dem Land.
부모님 댁에서 살아요.	bumonim daegeseo sarayo	Ich wohne bei meinen Eltern.
친구 집에서 살아요.	chingu jibeseo sarayo	Ich wohne bei Freunden.

> Im Koreanischen wird man oft nach der Heimat gefragt. 고향은 어디세요? [gohyangeun eodiseyo?] (Wo ist Ihre Heimat?) 제 고향은 서울이에요. [je gohyangeun seourieyo.] (Meine Heimat ist Seoul.)

1 Wie fragen Sie nach …? Bitte ordnen Sie zu.

1. Frage nach dem Wohnort
2. Frage nach der Nationalität
3. Frage nach dem Herkunftsland
4. Frage nach Deutschland als Herkunftsland
5. Frage nach einem kurzem Aufenthalt

A 어느 나라사람이세요?
B 독일에서 왔어요?
C 어디에서 왔어요?
D 어디에서 지내세요?
E 어디에서 사세요?

2 Woher kommen diese Personen und welche Nationalität haben sie? Schreiben Sie über die jeweilige Person nach dem vorgegebenen Muster.

이민수씨는 한국사람이에요.
서울에 살아요.

Min-Su Lee
Seoul, Korea

1. Angela Merkel 씨는 _____.
_____.

Angela Merkel
Berlin, Deutschland

2. Barbara 씨는 _____.
_____.

Barbara Smith
L.A., Amerika

3. Mamiko 씨는 _____.
_____.

Mamiko Noto
Osaka, Japan

3 Bilden Sie aus diesen Wörtern die vorgegebenen Sätze.

| 한국에서 | 호텔에서 | 친구 집에서 | 서울에서 |
| 부모님 | 댁에서 | 지내요 | 살아요 | 왔어요 |

1. Ich wohne in Seoul.
_____.

2. Ich wohne in einem Hotel.
_____.

3. Ich komme aus Korea.
_____.

4. Ich wohne bei Freunden.
_____.

5. Ich wohne bei meinen Eltern.
_____.

Über die Familie sprechen

▶ 가족이 몇 명이세요? *gajogi myeot myeongiseyo* — Wie viele Menschen gibt es in Ihrer Familie?
▷ 모두 여섯이에요. *modu yeoseonnieyo* — Wir sind zusammen 6 Personen.
아버지, 어머니, 형 하나, 누나 하나 *abeoji eomeoni hyeong hana nuna hana* — Ich habe einen Vater, eine Mutter, einen älteren Bruder, eine ältere Schwester
그리고 남동생 하나가 있어요. *geurigo namdongsaeng hanaga iseoyo* — und einen jüngeren Bruder.
형은 결혼 안 했어요. *hyeongeun gyeolhon an haeseoyo* — Mein älterer Bruder ist nicht verheiratet.
누나는 결혼했어요. *nunaneun gyeolhonhaeseoyo* — Meine ältere Schwester ist verheiratet.
아이가 둘 있어요. *aiga dul riseoyo* — Sie hat zwei Kinder.
동생은 아직 학생이에요. *dongsaengeun ajik haksaengieyo* — Mein jüngerer Bruder ist noch Student.

> In diesem Dialog beantwortet ein Mann die Frage nach seiner Familie. 누나 [*nuna*] bezeichnet die ältere Schwester eines Mannes und 형 [*hyeong*] den älteren Bruder eines Mannes. Bei einer Frau bezeichnet 언니 [*eonni*] die ältere Schwester und 오빠 [*oppa*] den älteren Bruder.

Familienverhältnisse erfragen

가족이 몇 명이세요? *gajogi myeot myeongiseyo iseoyo* — Wie viele Menschen gibt es in Ihrer Familie?
있어요 / 있어? *iseoyo / iseo* — Haben Sie… / Hast du…?
남편 / 아내 … *nampyeon / anae* — … einen Mann / eine Frau?
형제 / 아이 … *hyeongje / ai* — … Geschwister / Kinder?
아들 / 딸 … *adeul / ttal* — … einen Sohn / eine Tochter?

아이가 몇 명 있어요? *aiga myeot myeong iseoyo* — Wie viele Kinder haben Sie?

결혼했어요 / 결혼했어? *gyeolhonhaeseoyo / gyeolhonhaeseo* — Sind Sie / Bist du verheiratet?
이혼했어요 / 이혼했어? *ihonhaeseoyo / ihonhaeseo* — Sind Sie / Bist du geschieden?

Familienverhältnisse beschreiben

누나가 하나 있어요. *nunaga hana iseoyo* — Ich (ein Mann) habe eine ältere Schwester.
언니가 하나 있어요. *eonni ga hana iseoyo* — Ich (eine Frau) habe eine ältere Schwester.
여동생이 둘 있어요. *yeodongsaengi dul riseoyo* — Ich habe zwei jüngere Schwestern.

형이 둘 있어요. *hyeongi dul riseoyo* — Ich (ein Mann) habe zwei ältere Brüder.
오빠가 둘 있어요. *oppa ga dul riseoyo* — Ich (eine Frau) habe zwei ältere Brüder.
남동생이 셋 있어요. *namdongsaengi set iseoyo* — Ich habe drei jüngere Brüder.

딸 둘하고 아들 하나 있어요. *ttal dulhago adeul hana iseoyo* — Ich habe zwei Töchter und einen Sohn.

아내 / 남편이 있어요. *anae / nampyeoni iseoyo* — Ich habe eine Frau / einen Mann.
아내 / 남편이 없어요. *anae / nampyeoni eopseoyo* — Ich habe keine Frau / keinen Mann.

1 Welche Sätze drücken das Gleiche aus? Kreuzen Sie an.

1. 결혼했어요.
   A ☐ 동생이 있어요.
   B ☐ 남편이 있어요.
   C ☐ 형이 있어요.

2. 아이가 있어요.
   A ☐ 딸이 있어요.
   B ☐ 언니가 있어요.
   C ☐ 아내가 있어요.

3. 동생이 있어요.
   A ☐ 언니가 있어요.
   B ☐ 누나가 있어요.
   C ☐ 남동생이 있어요.

2 Hier sehen Sie vier Antworten. Wie heißen die Fragen dazu?
z. B. Frage: 결혼했어요? – Antwort: 네, 결혼했어요.

1. _____? 네, 아들이 둘 있어요.
2. _____? 누나가 있어요.
3. _____? 아니요, 결혼 안 했어요.
4. _____? 아니요. 딸이 없어요.
5. _____? 모두 넷이에요.

3 Wie würde Min-Su Lee (der Vater) seine Familie beschreiben? Vervollständigen Sie die Sätze. Die Infobox links hilft Ihnen.

1. Min-Su Lee hat einen Sohn und eine Tochter.
   _____.

2. Min-Su Lee hat eine Frau.
   _____.

3. Min-Su Lee hat einen älteren Bruder und eine ältere Schwester.
   _____.

4. Min-Su Lee hat einen jüngeren Bruder.
   _____.

5. Min-Su Lee hat zwei jüngere Schwestern.
   _____.

4 Und wie sieht Ihre Familie aus? Beschreiben Sie sie. Wenn Ihnen Wörter fehlen, schauen Sie sich auch das Thema Familie in W4 an.

우리 가족은 _____
_____.

Sich entschuldigen / Um etwas bitten / Sich bedanken

▶ 실례합니다. *sillyehamnida* — Entschuldigen Sie!
  지금 몇 시예요? *jigeum myeot siyeyo* — Wie spät ist es?
▷ 지금 열 시예요. *jigeum yeol siyeyo* — Jetzt ist es 10 Uhr.
▶ 감사합니다. *gamsahamnida* — Vielen Dank!
▷ 천만에요. *cheonmaneyo* — Bitte sehr!

Sich entschuldigen

Wenn man jemanden anspricht, sagt man:

실례합니다. *sillyehamnida* — Entschuldigen Sie.

Wenn Sie sich für etwas entschuldigen möchten:

미안합니다. *mianhamnida* — Entschuldigung.
죄송합니다. *joesonghamnida* — Verzeihung.
늦어서 미안합니다. *neujeoseo mianhamnida* — Entschuldigung, dass ich zu spät bin.
방해해서 죄송합니다. *banghaehaeseo joesonghamnida* — Verzeihung, dass ich Sie gestört habe.

Als eine höfliche Reaktion auf eine Entschuldigung sagt man:

괜찮아요. *gwaenchanayo* — Nicht der Rede wert! / Macht nichts!

Um etwas bitten

Eine direkte Bitte drücken Sie so aus:

… 말해 주세요. *malhae juseyo* — Bitte sagen Sie mir … !
… 보여 주세요. *boyeo juseyo* — Bitte zeigen Sie mir … !
… 설명해 주세요. *seolmyeonghae juseyo* — Bitte erklären Sie mir … !
… 주세요. *juseyo* — Bitte geben Sie mir … !

Eine höfliche Bitte drücken Sie so aus:

도와 줄 수 있어요? *dowa jul su iseoyo* — Könnten Sie mir helfen?
… 말해 줄 수 있어요? *malhae jul su iseoyo* — Könnten Sie mir … sagen?
… 보여 줄 수 있어요? *boyeo jul su iseoyo* — Könnten Sie mir … zeigen?
… 설명해 줄 수 있어요? *seolmyeonghae jul su iseoyo* — Könnten Sie mir … erklären?
… 줄 수 있어요? *jul su iseoyo* — Könnten Sie mir … geben?

Unter guten Bekannten reicht auch die Konverbalform der Verben:

… 말해 줘. *malhae jwo* — Bitte sag mir … !
… 보여 줘. *boyeo jwo* — Bitte zeig mir … !
… 줘. *jwo* — Bitte gib mir … !

Sich bedanken

Sie bedanken sich mit:

고맙습니다. *gomapseumnida* (koreanisch) — Danke! / Vielen Dank!
감사합니다. *gamsahamnida* (sinokoreanischer Ursprung) — Danke! / Vielen Dank!

Höfliche Reaktionen auf einen Dank sind:

천만에요. *cheonmaneyo* — Bitte! / Bitte sehr!
별 말씀을요. *byeol malsseumeuryo* — Keine Ursache!

1 Welche Ausdrücke gehören wohin? Ordnen Sie zu.

| 고맙습니다 | 미안합니다 | 실례합니다 | 천만에요 |
| 별 말씀을요 | 감사합니다 | 괜찮아요 | 죄송합니다 |

Entschuldigungen	Bedanken

2 Wie lautet die höfliche Reaktion auf die folgenden Aussagen? Ergänzen Sie in den Sprechblasen.

1. 죄송합니다.

3. 늦어서 미안합니다.

2. 감사합니다.

4. 고맙습니다.

3 Wie formulieren Sie folgende Bitten direkt und höflich.?

| 말해 줄 수 있어요   줄 수 있어요   보여 주세요   보여 줄 수 있어요 |
| 설명해 주세요   몇 시예요   설명해 줄 수 있어요   주세요 |

Sie wollen, dass jemand Ihnen die Zeitung gibt.
A Direkte Bitte: 신문을 _____?
B Höfliche Bitte: 신문을 _____?

Sie möchten gerne wissen, wie spät es jetzt ist.
C Direkte Bitte (Frage): 지금 _____?
D Höfliche Bitte: 지금 몇 시인지 _____?

Sie wollen gerne Fotos ansehen.
E Direkte Bitte: 사진을 _____?
F Höfliche Bitte: 사진을 _____?

Sie wollen, dass jemand Ihnen etwas erklärt.
G Direkte Bitte: _____?
H Höfliche Bitte: _____?

Sprachkenntnisse angeben / Missverständnisse klären

▶ 한국어를 잘 하시네요. *hangugeoreul jal hasineyo* Sie sprechen aber gut Koreanisch!
▷ 고맙습니다. *gomapseumnida* Danke.
  독일어 하세요? *dogireo haseyo* Sprechen Sie Deutsch?
▶ 아니오. 그렇지만 영어는 조금 해요. Nein. Aber ich spreche ein bisschen
  anio geureochiman yeongeoneun jogeum haeyo Englisch.

Sprachkenntnisse angeben

Nach den Sprachkenntnissen einer Person erkundigen Sie sich so:

한국어 하세요? *hangugeo haseyo* Sprechen Sie Koreanisch?
한국어 하니? *hangugeo hani* Sprichst du Koreanisch?
독일어 할 수 있어요? *dogireo hal su iseoyo* Können Sie Deutsch?
독일어 할 수 있니? *dogireo hal su inni* Kannst du Deutsch?

Mögliche Antworten darauf sind:

네, 독일어 해요. *ne dogireo haeyo* Ja, ich spreche Deutsch …
(아주) 잘 해요. *(aju) jal haeyo* (sehr) gut.
조금 해요. *jogeum haeyo* ein bisschen.
못 해요. *mot haeyo* schlecht.
중국어는 조금 할 수 있어요 Ich kann ein bisschen Chinesisch.
junggugeoneun jogeum hal su iseoyo

G17 … 전혀 못 해요. *jeonhyeo mot haeyo* Leider kann ich überhaupt kein …

Sprachliche Missverständnisse klären

Spricht man eine Sprache noch nicht so gut, kommt es leicht zu sprachbedingten Missverständnissen.
So äußern Sie Ihre Verständigungsprobleme auf Koreanisch:

미안합니다. *mianhamnida* Entschuldigung.
죄송합니다. *joesonghamnida* Verzeihung.
잘 모르겠어요. *jal moreugeseoyo* Ich habe das nicht verstanden.
잘 못 들었어요. *jal mot deureoseoyo* Ich habe das nicht gut gehört.

G16 다시 한번 말해 주세요. *dasi hanbeon malhae juseyo* Bitte wiederholen Sie.
천천히 말해 주세요. *cheoncheonhi mal hae juseyo* Bitte sprechen Sie langsam.
좀 더 천천히 말해 주세요. Bitte sprechen Sie langsamer.
jom deo cheoncheonhi malhae juseyo

… 가 무슨 뜻인지 모르겠어요. Ich weiß nicht, was das Wort … bedeutet.
ga museun tteunninji moreugeseoyo
… 가 무슨 뜻인지 설명해 줄 수 있어요? Können Sie mir erklären was … bedeutet?
ga museun tteunninji seolmyeonghae jul su iseoyo
… 가 한국어로 뭐예요? *ga hangugeoro mwoyeyo* Was heißt … auf Koreanisch?

K7

1 Setzen Sie die vorgegebenen Wörter in die richtige Lücke ein.

> 전혀   잘   아주   조금

1. 독일어 _____ 못 해요. Ich spreche überhaupt kein Deutsch.
2. 한국어 _____하세요? Sprechen Sie ein bisschen Koreanisch?
3. 영어 _____ 해요. Ich spreche gut Englisch.
4. 일본어 _____해요. Ich spreche ein bisschen Japanisch.
5. 한국어 _____해요. Ich spreche sehr gut Koreanisch.
6. 중국어 _____ 못 해요. Ich spreche überhaupt kein Chinesisch.
7. 프랑스어 _____ 해요? Sprechen Sie gut Französisch?

2 Min-Su Lee lernt verschiedene Sprachen. Wie würden Sie seine Sprachkenntnisse auf Koreanisch bewerten? Ergänzen Sie.

1. 이민수씨는 일본어를 _____ 해요.
2. 이민수씨는 독일어를 _____ 해요.
3. 이민수씨는 영어를 _____해요.
4. 이민수씨는 중국어를 _____ 해요.
5. 이민수씨는 스페인어를 _____ 해요.

Japanisch: 1,0
Deutsch: 2.0
Englisch: 3.0
Chinesisch: 4.0
Spanisch: keine Kenntnisse

3 Welche Sätze würden Sie in welcher Situation benutzen? Ordnen Sie zu.

1. Ihr Gesprächspartner spricht zu schnell. Sie wollen, dass er langsam spricht.
2. Sie haben das Gesagte nicht gut gehört.
3. Sie wollen, dass Ihr Gesprächspartner das Gesagte wiederholt.
4. Sie haben nicht verstanden, was gesagt wurde.
5. Sie wissen nicht, was ein bestimmtes Wort bedeutet.
6. Sie wollen wissen, was ein bestimmtes Wort auf Koreanisch heißt.
7. Sie wollen, dass Ihr Gesprächspartner noch langsamer spricht.

A 잘 모르겠어요.

B 좀 더 천천히 말해 주세요.

C 한국어로 뭐예요?

D 다시 한번 말해 주세요.

E 무슨 뜻인지 모르겠어요.

F 잘 못 들었어요.

G 천천히 말해 주세요.

Kommunikation

Über Gewohnheiten / Vorlieben / Abneigungen sprechen

▶ 뭘 즐겨 하니? *mwol jeulgyeo hani* — Was machst du gerne?
▷ 축구를 즐겨 해. *chukgureul jeulgyeo hae* — Ich spiele sehr gerne Fußball.
  자주 축구 하러 가. *jaju chukgu hareo ga* — Ich gehe häufig zum Fußballspielen.
▶ 너는 뭘 제일 좋아해? *neoneun mwol jeil joahae* — Und was magst du am liebsten?
▷ 여행을 제일 좋아해. *yeohaengeul jeil joahae* — Ich reise am liebsten.
  보통 여름에 여행을 다녀. *botong yeoreume yeohaengeul danyeo* — In der Regel verreise ich im Sommer.
▶ 뭘 안 좋아하니? *mwol an joahani* — Und was magst du nicht so gerne?
▷ 야구는 안 좋아해. *yaguneun an joahae* — Ich mag Baseball nicht.

Gewohnheiten beschreiben

Gewohnheiten werden häufig mit allgemeinen Zeitangaben wie z. B. 아침에 [*achime*] morgens, 주말에 [*jumale*] an Wochenenden, 월요일에 [*woryoire*] montags und / oder den folgenden Adverbien ausgedrückt:

언제나 / 항상 *eonjena / hangsang* — immer
자주 *jaju* — häufig
가끔 *gakkeum* — manchmal
보통 *botong* — in der Regel

언제나 수영을 해요. *eonjena suyeongeul haeyo* — Ich schwimme immer.
우리는 자주 극장에 가요. *urineun jaju geukjange gayo* — Wir gehen häufig ins Theater / Kino.
보통 버스로 가요. *botong beoseuro gayo* — Normalerweise fahre ich mit dem Bus.

Vorlieben / Abneigungen ausdrücken

Vorlieben werden im Koreanischem mit dem Verb 좋아하다 [*joahada*] und Abneigungen mit 싫어하다 [*sireohada*] beschrieben. Wenn man etwas am liebsten mag, sagt man 제일 / 가장 [*jeil / gajang*] 좋아하다 [*joahada*], wenn man etwas am meisten hasst 제일 / 가장 [*jeil / gajang*] 싫어하다 [*sireohada*]. Wenn man etwas überhaupt nicht mag, 전혀 [*jeonhyeo*] + Negation (z. B. 안 좋아하다).

한국영화를 제일 좋아해요. *hangukyeonghwareul jeil joahaeyo* — Ich mag den koreanischen Film am liebsten.
독일음악을 가장 좋아해요. *dogileumakeul gajang joahaeyo* — Ich mag deutsche Musik am liebsten.
등산을 (아주) 좋아해요. *deungsaneul (aju) joahaeyo* — Ich mag das Bergsteigen (sehr).
수영을 조금 좋아해요. *suyeungeul jogeum joahaeyo* — Ich mag Schwimmen ein bisschen.
축구를 안 좋아해요. *chukgureul an joahaeyo* — Ich mag Fußball nicht.
야구를 전혀 안 좋아해요. *yagureul jeonhyeo an joahaeyo* — Ich mag Baseball überhaupt nicht.
테니스를 싫어해요. *teniseureul sireohaeyo* — Ich hasse Tennis.

Was sind die Lieblingsbeschäftigungen der Koreaner? Viele Koreaner mögen 등산 [*deunsan*] (Bergsteigen), 축구 [*chukgu*] (Fußball), 야구 [*yagu*] (Baseball) oder 영화 [*yeonghwa*] (Film).
Seit der Fußballweltmeisterschaft 2002 in Korea und Japan ist Fußball die absolute Lieblingssportart der Koreaner geworden. Außerdem gibt es in Korea viele Berge, in denen gerade auch ältere Koreaner gerne wandern. Das Bergwandern wird von den Betrieben auch zum gemeinsamen Mitarbeitertraining eingesetzt.

1 Können Sie diese Sätze vervollständigen?

> 조금   아주   제일 / 가장   전혀

1. 한국사람들은 등산을 _____ 좋아해요. Koreaner mögen das Bergsteigen am liebsten.
2. 영화를 _____ 좋아해요. Ich mag Kino ein bisschen.
3. 조깅을 _____ 싫어해요. Ich hasse Jogging am meisten.
4. 축구를 _____ 좋아해요. Ich mag Fußball sehr.
5. 골프를 _____ 안 좋아해요. Ich mag Golf überhaupt nicht.
6. 수영을 _____ 좋아해요. Ich mag Schwimmen am liebsten.

2 Diese Sätze drücken Vorlieben aus. Formen Sie sie in Abneigungen um.

1. 축구를 아주 좋아해요. _____.
2. 한국사람들은 등산을 제일 좋아해요. _____.
3. 저는 스포츠를 좋아해요. _____.
4. 한국사람들은 영화를 가장 좋아해요. _____.

3 Hier sehen Sie die Liste mit den Vorlieben und Abneigungen von Thomas. Bringen Sie die Sätze in die Reihenfolge von 1. „mag" bis 6. „mag überhaupt nicht".

☐ 토마스는 여행을 조금 좋아해요.
☐ 토마스는 조깅을 아주 좋아해요.
☐ 토마스는 등산을 전혀 안 좋아해요.
☐ 토마스는 야구를 제일 좋아해요.
☐ 토마스는 테니스를 싫어해요.
☐ 토마스는 쇼핑을 제일 싫어해요.

4 Sehen Sie sich diese Sätze an. Können Sie sie so umformulieren, dass sie Gewohnheiten ausdrücken? Benutzen Sie die vorgegebenen Wörter.

> 자주   보통   가끔   언제나

1. 주말에 _____ 등산을 해요. Am Wochenende gehe ich immer Bergsteigen.
2. 여름에 _____ 여행을 다녀요. Ich reise häufig im Sommer.
3. 영화를 _____ 봐요. Ich sehe manchmal Filme.
4. 주말에 _____ 쇼핑을 해요. Ich gehe in der Regel shoppen.
5. 축구를 _____ 해요. Ich spiele häufig Fußball.

Am Telefon

▶ 여보세요. *yeoboseyo*		Ja, hallo?
▷ 안녕하세요? *annyeonghaseyo*		Guten Tag.
이 민수씨 계세요? *iminsussi gyeseyo*		Kann ich bitte Herrn Min-Su Lee sprechen?
▶ 안 계세요. *an gyeseyo*		Er ist nicht da.
실례지만, 누구세요? *sillyejiman nuguseyo*		Entschuldigung, mit wem spreche ich denn?
▷ 저는 토마스입니다. *jeoneun tomaseuimnida*		Hier ist Tomas.
제가 전화했다고 전해줄 수 있어요?		Können Sie ihm ausrichten, dass ich
jega jeonhwaheatdago jeonhaejul su iseoyo		angerufen habe?
▶ 전해 드릴게요. *jeonhae deurilgeyo*		Ich werde es ihm ausrichten.
▷ 안녕히 계세요. *annyeonghi gyeseyo*		Auf Wiederhören.

Sich melden

In Korea ist es nur im geschäftlichen Bereich üblich, sich mit dem Namen (und dem Firmennamen) am Telefon zu melden. In privaten Haushalten meldet man sich üblicherweise so:

여보세요. *yeoboseyo*	Hallo?

Auch der Anrufer selbst stellt sich selten mit dem eigenen Namen vor, daher fragt man danach:

누구세요? *nuguseyo*	Mit wem spreche ich denn?
실례지만, 누구세요? *sillyejiman nuguseyo*	Entschuldigung, mit wem spreche ich denn?

Nach jemandem fragen

… 씨, 계세요? *ssi gyeseyo*	Ist … da?
… 와 통화할 수 있어요? *wa tonghwahalsu iseoyo*	Kann ich … sprechen?
… 와 전화할 수 있어요? *wa jeonhwahalsu iseoyo*	Kann ich mit … telefonieren?
잠깐만 기다리세요. *jamkkanman gidariseyo*	Einen Moment bitte.
통화 중입니다. *tonghwa jungimnida*	Sie / er telefoniert gerade.
지금 안 계세요. *jigeum an gyeseyo*	Sie / er ist im Moment nicht da.

Falsch verbunden

여기에 그런 사람 안 살아요. *yeogie geureon saram an sarayo*	Hier wohnt diese Person nicht.
잘 못 걸었어요. *jal mot georeoseoyo*	Sie sind falsch verbunden.
전화 잘 못 했어요. *jeonhwa jal mot haeseoyo*	Sie haben sich verwählt.

Eine Nachricht hinterlassen

메시지를 남길 수 있어요? *mesijireul namgil su iseoyo*	Kann ich etwas ausrichten?
… 전해줄 수 있어요? *jeonhaejul su iseoyo*	Können Sie ihm / ihr bitte ausrichten, …
저에게 전화해 달라고 … *jeoege jeonhwahae dallago*	… er / sie soll mich zurückrufen?
제가 전화했다고 … *jega jeonhwahaetdago*	… dass ich ihn / sie angerufen habe?
나중에 다시 전화하겠다고 … *najunge dasi jeonhwahagetdago*	… dass ich später noch mal anrufen werde?

Sich verabschieden

안녕히 계세요. *annyeonhi gyeseyo*	Auf Wiederhören!

1 Wann hören Sie was? Ordnen Sie zu.

1. Ihr Telefon klingelt. Sie nehmen den Hörer ab.
2. Die Person, die Sie sprechen wollen, ist nicht da.
3. Zur Verabschiedung.
4. Wenn Sie falsch verbunden sind.
5. Wenn sich jemand nach dem Namen des Anrufers erkundigt.
6. Sie sagen, dass sie / er gerade mit jemandem telefoniert.
7. Sie / er fragt, ob sie / er etwas ausrichten kann.

A 누구세요?
B 안녕히 계세요.
C 메시지를 남길 수 있어요?
D 여보세요.
E 통화 중입니다.
F 안 계세요.
G 잘 못 걸었어요.

2 Der folgende Dialog ist durcheinander geraten. Nummerieren Sie die Sätze in der richtigen Reihenfolge.

☐1 여보세요.
☐ 잠깐만 기다리세요.
☐ 김진아씨 계세요?
☐ 저는 이민수입니다.
☐ 네, 계세요. 실례지만, 누구세요?

3 Sie rufen jemanden an. Vervollständigen Sie den Dialog.

여보세요.

누구세요?

지금 안 계세요.

이 민수씨 계세요?

이 민수씨와 통화할 수 있어요?

이 민수씨 계세요?

전해 드릴게요.

1. _____?
   (Sie möchten Herrn Min-Su Lee sprechen.)

2. _____.
   (Sie stellen sich vor: Ich bin Thomas.)

3. _____?
   (Sie wollen, dass er Sie zurückruft.)

4. _____?
   (Sie sagen, dass er nicht da ist.)

5. _____?
   (Sie wollen, dass er einen Moment wartet.)

6. _____?
   (Sie sagen, dass er falsch verbunden ist.)

7. _____.
   (Sie verabschieden sich.)

Sich verabreden / Vorschläge machen, annehmen, ablehnen

안녕! 민수. *annyeong minsu*	Hallo, Min-Su.
오늘 저녁에 뭐 하니? *oneul jeonyeoge mwo hani*	Was machst du heute Abend?
아무 것도 안 해. *amu geotdo an hae*	Nichts.
뭐 좋은 생각 있어? *mwo joeun saenggak iseo*	Hast du eine gute Idee?
연극 보러 갈까? *yeongeuk boreo galkka*	Wollen wir ins Theater gehen?
좋은 연극이 있어. *joeun yeongeugi iseo*	Es läuft ein gutes Stück.
좋아. *joa*	Hört sich gut an. / Einverstanden.
언제, 어디에서 만날까? *eonje eodieseo mannalkka*	Wann und wo treffen wir uns?
여섯 시에? *yeoseot sie*	Um sechs?
극장입구에서? *geukjangipgueseo*	Am Theatereingang?
좋아. 그때 보자! *joa geuttae boja*	Gut. Bis dann!

Vorschläge machen, annehmen, ablehnen

만날까요? *mannalkkayo*	Wollen wir uns treffen?
… 에 갈까요? *e galkkayo*	Wollen wir ins … gehen?
콘서트에 가고 싶어요? *konseoteue gago sipeoyo*	Möchten Sie (vielleicht) zu einem Konzert gehen?
인사동에 가고 싶어? *insadonge gago sipeo*	Möchtest Du nach Insa-dong fahren?
축구를 보고 싶어요? *chukgureul bogo sipeoyo*	Möchten Sie sich ein Fußballspiel ansehen?
영화를 보고 싶어? *yeonghwareul bogo sipeo*	Möchtest Du dir einen Film ansehen?
좋아요. *joayo*	Gut! / Einverstanden!
좋은 생각이에요! *joeun saenggagieyo*	Gute Idee!
미안하지만, 오늘 저녁에 안돼요. *mianhajiman oneul jeonyeoge andwaeyo*	Leider kann ich heute Abend nicht.
미안하지만, 내일은 바빠요. *mianhajiman naeireun bappayo*	Leider werde ich morgen sehr beschäftigt sein.
다른 날은 어때요? *dareun nareun eottaeyo*	Vielleicht lieber an einem anderen Tag?
다음 토요일은 어때요? *daeum toyoireun eottaeyo*	Wie wäre es am nächsten Samstag?

Ort und Zeit vereinbaren

어디에서 만날까요? *eodieseo mannalkkayo*	Wo treffen wir uns?
… 에서 만나요. *eseo mannayo*	Treffen wir uns …
입구에서 … *ipgueseo*	… am Eingang?
출구에서 … *chulgueseo*	… am Ausgang?
역에서 … *yeogeseo*	… an der Station / Haltestelle?
언제 만날까요? *eonje mannalkkayo*	Wann wollen wir uns treffen?
여섯 시는 어때요? *yeoseot sineun eottaeyo*	Wie wäre es um sechs Uhr?
여섯 시는 좀 빨라요. *yeoseot sineun jom ppallayo*	Sechs Uhr ist ein bisschen zu früh.
여섯 시는 너무 늦어요. *yeoseot sineun neomu neujeoyo*	Sechs Uhr ist zu spät.

1 Ordnen Sie die Fragen und Vorschläge links der passenden Reaktion rechts zu.

1. 언제 만날까요?
2. 어디에서 만날까요?
3. 여덟 시는 어때요?
4. 내일 저녁에 뭐 하니?
5. 콘서트 보러 갈까요?
6. 영화 보고 싶어?

A 아무 것도 안 해.
B 좋은 생각이에요.
C 다섯 시에 만날까요?
D 좋아.
E 너무 늦어요.
F 극장입구에서 만나요.

2 Ein Freund macht Ihnen einen Vorschlag, was Sie am Freitag zusammen unternehmen könnten. Reagieren Sie auf den Vorschlag entsprechend der Vorgabe in Klammern.

1. 뮤지컬 보러 갈까요?
   _____!
   (Sie finden das ist eine gute Idee.)

2. 미안하지만, 금요일은_____. _____?
   (Sie lehnen den Vorschlag ab, weil Sie am Freitag nicht können. Schlagen Sie als Alternative den Samstag vor.)

3. _____ 만날까요?
   (Sie wollen wissen, wo Sie sich treffen.)

4. _____ 만날까요?
   (Sie wollen wissen, wann Sie sich treffen.)

5. 8시는 _____.
   (Sie finden 8 Uhr ein bisschen spät.)

3 Hier sehen Sie einen Ausschnitt aus dem Veranstaltungskalender für diesen Freitag. Machen Sie einem Freund Vorschläge, was Sie zusammen unternehmen könnten. Probieren Sie verschiedene Formulierungsmöglichkeiten mit den angegebenen Wörtern aus.

| 어때요   좋아요   몰라요   보러 갈까요   만날까요 |

극장: (Theater)
영화 "올드보이"

월드컵 경기장: (Weltcup-Stadion)
축구 경기

국립오페라단: (Nationaloper)
오페라 "아이다"

1. _____
2. _____
3. _____
4. _____
5. _____

Nach dem Weg fragen / den Weg beschreiben

▶ 실례합니다. sillyehamnida — Entschuldigen Sie.
국립박물관이 어디에 있는지 아세요? — Wissen Sie, wo das Nationalmuseum ist?
gungnipbangmulgwani eodie inneunji aseyo

▷ 네, 이 길로 직진하세요. ne igillo jikjinhaseyo — Ja, gehen Sie diese Straße geradeaus.
그 다음에 왼쪽으로 가세요. — Dann biegen Sie nach links ab.
geu daeume oenjjogeuro gaseyo

오른쪽에 박물관이 있어요. — Das Museum ist auf der rechten Seite.
oreunjjoge bangmulgwani iseoyo

Nach dem Weg fragen

실례합니다. sillyehamnida — Entschuldigen Sie.
… 어디에 있어요? eodie iseoyo — Wo ist …?
… 에 어떻게 가는지 아세요? — Wissen Sie, wie man nach / zu … kommt?
e eotteoke ganeunji aseyo

… 에 가는 길을 가르쳐 주세요. — Können Sie mir den Weg nach / zu … zeigen?
e ganeun gireul gareuchyeo juseyo

Wenn Sie öffentliche Verkehrsmittel benutzen, fragen Sie:

… 에 어떻게 가요? e eotteoke gayo — Wie kommt / fährt man nach …?
이 버스가 … 에 가요? i beoseuga e gayo — Fährt dieser Bus nach …?
이 기차가 … 에 가요? i gichaga e gayo — Fährt dieser Zug nach …?
갈아타야 해요? garataya haeyo — Muss man umsteigen?

Den Weg beschreiben

똑바로 가세요. ttokbaro gaseyo — Gehen Sie diese Straße geradeaus.
되돌아 가세요. doedora gaseyo — Gehen Sie diese Straße zurück.
이 길을 따라 가세요. i gireul ttara gaseyo — Gehen Sie diese Straße entlang.
200미터 직진하세요. 200 miteo jikjinhaseyo — Gehen Sie 200 Meter geradeaus.
사거리까지 가세요. sageorikkaji gaseyo — Gehen Sie bis zur Kreuzung.
신호등까지 가세요. sinhodeungkkaji gaseyo — Gehen Sie bis zur Ampel.
이 길을 건너세요. i gireul geonneoseyo — Überqueren Sie die Straße.
왼쪽 / 오른쪽으로 가세요. oenjjok / oreunjjogeuro gaseyo — Gehen sie nach links / rechts.
좌회전 / 우회전 하세요. jwahoejeon / uhoejeon haseyo — Biegen Sie nach links / rechts ab.
우체국에서 종로 1가로 들어가세요. — Beim Postamt biegen Sie in die Jongno 1ga ein.
uchegugeseo jongno 1garo deureogaseyo

기차역은 거기 / 여기에 있어요. — Der Bahnhof ist dort / hier.
gichayeogeun geogi / yeogie iseoyo

… 오른쪽 / 왼쪽 / 건너편에 있어요. — … ist auf der rechten / linken / anderen Straßenseite.
oreunjjok / goenjjok / geonneopyeone iseoyo

지하철 3호선을 타고 … 까지 가세요. — Fahren Sie mit der Linie Nr. 3 bis …
jihacheol samhoseoneul tago kkaji gaseyo

교대 역에서 내리세요. gyodae yeogeseo naeriseyo — Steigen Sie am Bahnhof Gyodae aus.
지하철 2호선으로 갈아타세요. — Steigen Sie in die Linie Nr. 2 um.
jihacheol 2hoseoneuro garataseyo

1 Sehen Sie sich die Pfeile an und kreuzen Sie an, welche Richtung dazu passt.

1. ↱
- A ☐ 직진하세요.
- B ☐ 왼쪽으로 가세요.
- C ☐ 오른쪽으로 가세요.

2. ↰
- A ☐ 직진하세요.
- B ☐ 왼쪽으로 가세요.
- C ☐ 오른쪽으로 가세요.

3. ↱
- A ☐ 똑바로 가세요.
- B ☐ 이 길을 따라 가세요.
- C ☐ 되돌아 가세요.

2 Ordnen Sie die Ausrücke den Übersetzungen zu.

1. 5번 버스를 타세요.
2. 지하철1호선으로 갈아타세요.
3. 이 길을 건너세요.
4. 길 왼쪽에 있어요.
5. 똑바로 가세요.
6. 신호등에서 좌회전 하세요.
7. 신호등까지 가세요.
8. 오른쪽으로 가세요.

A An der Ampel biegen Sie nach links ab.
B Gehen Sie geradeaus.
C Fahren Sie bis zur Ampel.
D Auf der linken Straßenseite.
E Biegen Sie nach rechts ab.
F Überqueren Sie die Straße.
G Steigen Sie in die Linie Nr. 1 um.
H Fahren Sie mit Bus Nr. 5.

3 Vervollständigen Sie die Sätze mit den vorgegebenen Wörtern. Die Übersetzung hilft Ihnen.

| 길 오른쪽에 | 어떻게 | 왼쪽으로 | 오른쪽으로 |
| 건너세요 | 내리세요 | 똑바로 | 신호등 |

1. 실례합니다. 서울역에 _____가요?
   Entschuldigen Sie! Wissen Sie, wie man zum Bahnhof Seoul kommt?

2. 이 길을 _____. 그리고 _____ 가세요.
   Überqueren Sie die Straße und biegen Sie nach links ab.

3. 100 미터 _____ 가세요.
   Gehen Sie hundert Meter geradeaus.

4. _____에서 _____ 가세요.
   An der Ampel biegen Sie nach rechts ab.

5. 기차역은 _____ _____ 있어요.
   Der Bahnhof ist auf der rechten Straßenseite.

6. 강남역에서 _____.
   Steigen Sie am Bahnhof Gangnam aus.

Kommunikation

Im Restaurant

▶ 주문할 수 있어요? *jumunhal su iseoyo?*	Könnte ich bitte bestellen?
▷ 네. 뭘 드시겠어요? *ne mwol deusigeseoyo*	Ja. Was hätten Sie gerne?
▶ 불고기와 김치찌개로 하겠어요. *bulgogiwa gimchijjigaero hageseoyo*	Ich hätte gerne Bulgogi und Gimchijjigae.
▷ 음료수는 뭘로 하시겠어요? *eumnyosuneun mwollo hasigeseoyo*	Was möchten Sie trinken? (wörtl.: Was nehmen Sie als Getränk?)
▶ 맥주 한 병 주세요. *maekju han byeong juseyo*	Bitte bringen Sie mir eine Flasche Bier.

Menü / Essen bestellen

메뉴판 주세요. *menyupan juseyo*	Könnte ich die Speisekarte haben?
이 식당은 뭘 잘 해요? *i sikdangeun mwol jal haeyo*	Was können Sie empfehlen? (wörtl.: Was macht dieses Restaurant gut?)
저는 … (으)로 하겠어요. *jeoneun (eu)ro hageseoyo*	Ich hätte gerne …
포크 좀 주세요. *pokeu jom juseyo*	Können sie mir bitte eine Gabel bringen.

Das fragt 종업원 (ein Kellner / eine Kellnerin):

뭘 드시겠어요? *mwol deusigeseoyo*	Was möchten Sie?
뭘 주문하시겠어요? *mwol jumunhasigeseoyo*	Was möchten Sie bestellen?
… 드릴까요? *deurilkkayo*	Hätten Sie gerne …?

Über das Essen sprechen

맛있어요? *manniseoyo*	Schmeckt es?
아주 맛있어요. *aju manniseoyo*	Es schmeckt sehr gut!
그런데 너무 달아요 / 셔요. *geureonde neomu darayo / syeoyo*	Aber es ist zu süß / sauer.
짜요 / 매워요. *jjayo / maewoyo*	Es ist salzig / scharf.
설탕 / 소금이 부족해요. *seoltang / sogeumi bujokhaeyo*	Es fehlt Zucker / Salz.
… 주세요. *juseyo*	Bringen Sie bitte …
맛있게 드셨어요? *mannitge deusyeoseoyo*	Hat es Ihnen gut geschmeckt?
네, 맛있게 먹었어요. *ne mannitge meogeoseoyo*	Ja, es hat mir gut geschmeckt.

Bezahlen

선불입니다. *seonburimnida*	Bitte bezahlen Sie im voraus. (wörtl.: Es ist Vorauszahlung.)
계산서 주세요. *gyesanseo juseyo*	Die Rechnung bitte!
카드도 돼요? *kadeudo dwaeyo*	Nehmen Sie auch die Kreditkarte?

Trink- und Esssprüche

맛있게 드세요! *mannitge deuseyo*	Guten Appetit!
건배! *geonbae*	Prost!

> In der koreanischen Küche bekommt man meistens Reis mit vielen Beilagen. Man isst Reis mit Suppe, Gimchi und verschiedenen Gemüsebeilagen. Es gibt aber auch Restaurants, die nur auf ein Gericht spezialisiert sind. Man bestellt dann einfach eine Portion der Spezialität. Wasser als Getränk bekommt man üblicherweise gratis. Leider wird Mineralwasser nicht angeboten. Man benutzt den Löffel für den Reis und die Stäbchen für die Beilagen. Wenn Sie nicht mit Stäbchen umgehen können, können Sie nach einer Gabel fragen.

Kommunikation

K12

1. Dieser Dialog ist durcheinander geraten. Nummerieren Sie die Sätze nach ihrer logischen Reihenfolge.

☐ 맛있게 드셨어요?
☐ 주문할 수 있어요?
☐ 네, 뭘 드시겠어요?
☐ 음료수는 뭘로 하시겠어요?
☐ 갈비로 하겠어요.
☐ 그런데 조금 매워요.
☐ 네, 아주 맛있어요.
☐ 콜라 한 병 주세요.

2. Ordnen Sie zu. Was sagen Sie, wenn …

1. … Ihr Essen sehr lecker ist.   A 매워요.
2. … Ihr Essen etwas zu salzig ist.   B 소금 좀 주세요.
3. … Ihr Essen sehr süß ist.   C 김치가 너무 셔요.
4. … Ihr Essen scharf ist.   D 설탕이 부족해요.
5. … das Gimchi zu sauer ist.   E 아주 맛있어요.
6. … Zucker fehlt.   F 너무 짜요.
7. … Salz fehlt.   G 아주 달아요.

3. Übersetzen Sie die Sätze mit Hilfe der vorgegebenen Wörter.

| 메뉴판 | 계산서 | 맥주 | 선불 | 건배 | 음료수 |
| 맛있게 | 맛있어요 | 있어요 | 주세요 | 드세요 | |

1. Guten Appetit!   _____ _____!
2. Prost!   _____!
3. Ich hätte gern mehr Bier.   _____ 더 _____.
4. Schmeckt es?   _____?
5. Könnte ich die Speisekarte haben? _____.
6. Es ist Vorauszahlung.   _____ 입니다.
7. Was möchten Sie trinken?   _____ 는 뭘 하시겠어요?
8. Die Rechnung bitte!   _____!

Einkaufen / Dinge vergleichen

▶ 이 흰 스웨터는 얼마예요? — Wie viel kostet dieser weiße Pulli?
　i huin seuweteoneun eolmayeyo
▷ 육만 오천 원이에요. *yungman ocheonwonieyo* — Er kostet 65,000 Won.
▶ 네, 조금 비싸네요. *ne jogeum bissaneyo* — Oh, das ist ein bisschen zu teuer.
▷ 이 파란 스웨터는 마음에 들어요? — Wie gefällt Ihnen dieser blaue?
　i paran seuweteoneun maeume deureoyo
　이것은 조금 더 싸요. *igeoseun jogeum deo ssayo* — Er ist ein bisschen billiger.
▶ 마음에 들어요. *maeume deureoyo* — Er gefällt mir.
　어디에서 입어볼 수 있어요? *eodieseo ibeobol su iseoyo* — Wo kann ich ihn anprobieren?

Im Geschäft
··· 있어요? *iseoyo* — Haben Sie …?
··· 사고 싶어요. *sago sipeoyo* — Ich hätte gerne …
그냥 구경할게요. *geunyang gugyeonghalgeyo* — Ich schau mich nur um.

Nach dem Preis fragen
··· 얼마예요? *eolmayeyo* — Wie viel kostet …?
이 바지는 십 만원이에요. *i bajineun simmanwonieyo* — Die Hose kostet 100,000 Won.
이 바지는 백이십 유로예요. *i bajineun baegisip yuroyeyo* — Die Hose kostet 120 Euro.
좀 싼 거 있어요? *jom ssan geo iseoyo* — Hätten Sie etwas Günstigeres?

Dinge vergleichen und bewerten
마음에 들어요? *maeume deureoyo* — Wie gefällt Ihnen … ?
아주 마음에 들어요. *aju maeume deureoyo* — Es gefällt mir sehr gut.
마음에 안 들어요. *maeume an deureoyo* — Es gefällt mir nicht.
이 바지가 그 바지보다 더 예뻐요. — Diese Hose ist schöner als jene.
　i bajiga geu bajiboda deo yeppeoyo
그 스커트가 제일 예뻐요. *geu seukeoteuga jeil yeppeoyo* — Jener Rock ist am schönsten.
이 스커트가 더 마음에 들어요. — Dieser Rock gefällt mir besser.
　i seukeoteuga deo maeume deureoyo

너무 비싸요. *neomu bissayo* — Das ist zu teuer.
··· 너무 커요. *neomu keoyo* — … ist zu groß.
··· 너무 작아요. *neomu jagayo* — … ist zu klein.
이 신발로 한 치수 더 작은 거 있어요? — Haben Sie diese Schuhe eine Nummer kleiner?
　i sinballo han chisu deo jageun geo iseoyo
이 신발로 한 치수 더 큰 거 있어요? — Haben Sie diese Schuhe eine Nummer größer?
　i sinballo han chisu deo keun geo iseoyo

Bezahlen
얼마예요? *eolmayeyo* — Wie viel kostet das?
계산대가 어디에 있어요? *gyesandega eodie iseoyo* — Wo ist die Kasse?
카드로 계산할 수 있어요? *kadeuro gyesanhal su iseoyo* — Kann ich mit Kreditkarte zahlen?

1 Übersetzen Sie. W10

1. 이 바지가 마음에 들어요.
   _____

2. 이 빨간 스커트는 얼마예요?
   _____

3. 좀 더 싼 옷이 있어요?
   _____

4. 이 스웨터가 제일 비싸요.
   _____

5. 이 넥타이는 마음에 들어요?
   _____

6. 이 신발 한 치수 작은 거 있어요?
   _____

7. 그냥 구경할게요. _____

8. 입어볼 수 있어요? _____

2 Ordnen Sie zu.

1. 스커트 마음에 들어요?   A 아니요, 없어요.
2. 마음에 들어요?   B 네, 할 수 있어요.
3. 좀 더 큰 옷이 있어요?   C 39,000원이에요.
4. 카드로 계산할 수 있어요?   D 네, 아주 마음에 들어요.
5. 얼마예요?   E 너무 작아요.

3 Vervollständigen Sie die Sätze mit den vorgegebenen Wörtern.

| 작아요 | 마음에 들어요 | 예뻐요 | 싸요 | 커요 |
| 안 | 아주 | 더 | 너무 | 조금 |

1. 이 블라우스가 _____ _____. Diese Bluse ist zu teuer.

2. 이 코트는 _____ _____. Dieser Mantel ist zu klein.

3. 이 신발이 _____ _____. Diese Schuhe gefallen mir nicht.

4. 이 스커트는 그 스커트보다 _____ _____. Dieser Rock ist schöner als jener.

5. 이 바지가 _____ _____. Diese Hose gefällt mir sehr.

6. 신발이 _____ _____. Die Schuhe sind ein bisschen groß.

Im Hotel

▶ 안녕하세요? *annyeonghaseyo*	Guten Tag.
방 있어요? *bang iseoyo*	Haben Sie ein Zimmer frei?
▷ 원 베드룸으로 드릴까요, *won bedeurumeuro deurilkkayo*	Ein Einzelzimmer
투 베드룸으로 드릴까요? *tu bedeurumeuro deurilkkayo*	oder ein Doppelzimmer?
▶ 원 베드룸으로 주세요. *won bedeurumeuro juseyo*	Ein Einzelzimmer.
방에 뭐가 있어요? *bange mwoga iseoyo*	Wie ist es eingerichtet?
▷ 샤워실, 화장실, 텔레비전과 냉장고가 있어요. *syawosil hwajangsil tellebijeongwa naengjanggoga iseoyo*	Es gibt eine Dusche, Toilette, einen Fernseher und einen Kühlschrank.
얼마나 계실 예정이세요? *eolmana gyesil yejeongiseyo*	Wie lange wollen Sie bleiben?
▶ 일주일요. *iljuiryo*	Eine Woche.

Ein Zimmer buchen

투 베드룸 하루 예약하고 싶어요. *tu bedeurum haru yeyakhago sipeoyo*	Ich hätte gerne ein Doppelzimmer für eine Nacht.
··· 예약하고 싶어요. *yaeyakhago sipeoyo*	Ich möchte ... reservieren / Ich hätte gerne ...
원 베드룸 / 투 베드룸 ··· *won bedeurum / tu bedeurum*	... ein Einzel- / Doppelzimmer
하루 / 이틀 ··· *haru / iteul*	... für eine Nacht / zwei Nächte
일주일 / 이주일 ··· *iljuil / ijuil*	... eine Woche / zwei Wochen
언제부터 언제까지요? *eonjebuteo eonjekkajiyo*	Von wann bis wann?
8월 20일부터 9월 1일까지요. *parwol isibilbuteo guwol ililkkajiyo*	Vom 20. August bis 1. September.
죄송하지만, 지금 빈 방이 없어요. *joesonghajiman, jigeum binbangi eopseoyo*	Leider haben wir keine freien Zimmer.

Ein Zimmer beschreiben

이 방에는 샤워실 있어요. *i bangeneun syawosil riseoyo*	Das Zimmer hat eine Dusche.
욕실 ··· *yoksil*	... ein Bad.
욕조 ··· *yokjo*	... eine Badewanne.
텔레비전 ··· *tellebijeon*	... einen Fernseher.
냉장고 ··· *naengjanggo*	... einen Kühlschrank.
전화 ··· *jeonhwa*	... ein Telefon.
발코니 ··· *balkoni*	... einen Balkon.
이 방은 전망이 좋아요. *ibangeun jeonmangi joayo*	Das Zimmer hat einen schönen Ausblick.
아침식사 포함된 방 *achimsiksa pohamdeon bang*	ein Zimmer mit Frühstück
점심식사 포함된 방 *jeomsimsiksa pohamdeon bang*	ein Zimmer mit Mittagessen
저녁식사 포함된 방 *jeonyeoksiksa pohamdeon bang*	ein Zimmer mit Abendessen

K14

1 Was fragt man Sie bei der Reservierung eines Hotelzimmers? Kreuzen Sie an.

1. ☐ 언제부터 언제까지요?
2. ☐ 결혼하셨어요?
3. ☐ 지금 몇 시예요?
4. ☐ 투 베드룸 드릴까요?
5. ☐ 얼마나 계실 예정이세요?
6. ☐ 한국어를 하세요?

2 Sie wollen ein Zimmer reservieren. Wie sagen Sie …? Ordnen Sie zu.

Ich hätte gerne ein Zimmer … … 있는 방을 예약하고 싶어요.

1. mit Bad.
2. mit Balkon.
3. mit Telefon.
4. mit Fernseher.
5. mit Dusche.
6. mit Kühlschrank.
7. mit schönem Ausblick.
8. mit Badewanne.

A 욕조
B 전화
C 샤워실
D 텔레비전
E 좋은 전망
F 냉장고
G 욕실
H 발코니

3 Übersetzen Sie folgende Fragen und Wünsche.

1. Ich hätte gerne ein Einzelzimmer.
   _____.

2. Ich hätte gerne ein Zimmer mit Frühstück.
   _____.

3. Ich möchte ein Zimmer mit Abendessen reservieren.
   _____.

4. Wie ist das Zimmer eingerichtet?
   _____.

5. Ich mochte gerne ein Einzelzimmer für eine Woche reservieren.
   _____.

6. Gibt es einen Kühlschrank?
   _____.

Kommunikation

Reisen

▶ 안녕하세요? *annyeonghaseyo*	Guten Tag.
부산 행 기차표 한 장 주세요.	Eine Fahrkarte nach Busan bitte.
busan haeng gichapyo han jang juseyo	
▷ 편도로 드릴까요, *pyeondoro deurilkkayo*	Eine Einzelfahrt oder hin und zurück?
왕복으로 드릴까요? *wangbogeuro deurilkkayo*	
▶ 편도로 주세요. *pyeondoro juseyo*	Eine Einzelfahrt.
기차는 언제, 어디에서 출발해요?	Wann und von wo fährt der Zug ab?
gichaneun eonje eodieseo chulbalhaeyo	
▷ 12시 10분에 5번 승강장에서 출발해요.	Der Zug fährt um 12:10 von Gleis 5 ab.
yeoldusi sipbune obeon seunggangjangeseo chulbalhaeyo	

Ticket kaufen

매표소는 어디에 있어요? *maepyosoneun eodie iseoyo*	Wo ist der Fahrkartenschalter?
… 행 표 한 장 주세요. *haeng pyo han jang juseyo*	Eine Fahrkarte nach … bitte.
… 행 티켓 두 장 주세요. *haeng tiket dujang juseyo*	Zwei Tickets nach … bitte.
편도로 주세요. *pyeondoro juseyo*	Eine Einzelfahrkarte bitte.
G13 왕복으로 주세요. *wangbogeuro juseyo*	Eine Fahrkarte hin und zurück bitte.

Reiseinformationen erfragen

W6 기차는 언제 출발해요? *gichaneun eonje chulbalhaeyo*	Wann fährt der Zug ab?
기차는 언제 도착해요? *gichaneun eonje dochakhaeyo*	Wann kommt der Zug an?
버스는 언제 출발해요? *beoseuneun eonje chulbalhaeyo*	Wann fährt der Bus ab?
버스는 언제 도착해요? *beoseuneun eonje dochakhaeyo*	Wann kommt der Bus an?
비행기는 언제 이륙해요?	Wann fliegt das Flugzeug ab?
bihaenggineun eonje iryukhaeyo	
비행기는 언제 착륙해요?	Wann landet das Flugzeug?
bihaenggineun eonje changnyukhaeyo	
기차는 10분 늦어요. *gichaneun 10bun neujeoyo*	Der Zug verspätet sich um 10 Minuten.
G5 기차는 어디에서 출발해요?	Von wo fährt der Zug / Bus ab?
gichaneun eodieseo chulbalhaeyo	
기차는 3번 승강장에서 출발해요.	Der Zug fährt von Gleis 3 ab.
gichaneun sambeon seunggangjangeseo chulbalhaeyo	
이 기차는 어디로 가요? *i gichaneun eodiro gayo*	Wohin fährt dieser Zug?
이 버스는 … (으)로 가요? *i beoseuneun (eu)ro gayo*	Fährt dieser Bus nach …?
이 기차는 모든 역에 다 서요?	Hält der Zug an allen Haltestellen?
i gichaneun modeun yeoge da seoyo	
즐거운 여행되세요! *jeulgeoun nyeohaengdoeseyo*	Gute Reise!

Kommunikation

K15

1. Formulieren Sie mit den vorgegebenen Wörtern die folgenden Sätze.

   | 기차표 | 부산행 | 기차 | 어디에 | 대구로 | 매표소 |
   | 한 장 | 가요 | 있어요 | 주세요 | 늦어요 | 왕복으로 |

   1. Eine Fahrkarte nach Pusan bitte.
      _____.

   2. Eine Fahrkarte hin und zurück bitte.
      _____.

   3. Der Zug verspätet sich.
      _____.

   4. Fährt dieser Zug nach Daegu?
      _____?

   5. Wo ist der Fahrkartenschalter?
      _____?

2. Schauen Sie sich diese Antworten an. Wie lauten die Fragen dazu? Die Fragewörter in Klammern geben Ihnen einen Hinweis.

   1. (Wann) _____?
      기차는 10시 45분에 출발해요.

   2. (Wohin) _____?
      기차는 부산으로 가요.

   3. (Von wo) _____?
      3번 승강장에서 출발해요.

   4. (Wann) _____?
      비행기는 17시 34분에 이륙해요.

   5. (Wann) _____?
      기차는 5시 20분에 도착해요.

   6. (Ob der Bus ins Zentrum fährt) _____?
      네, 이 버스는 시내로 가요.

3. Was wünschen Sie jemandem, der verreist?

   _____!

Kommunikation

129

Gegenwart

A1 Die Verbtabellen sind nach dem koreanischen Alphabet geordnet.

Infintiv (G7)	formelle Höflichkeit (G7)	informelle Höflichkeit (G13)	informelle Höflichkeit (G11/G12)
가다 gehen	갑니다	가세요	가요
괜찮다 okay sein	괜찮습니다	괜찮으세요	괜찮아요
그렇다 so sein	그렇습니다	그러세요	그래요
기다리다 warten	기다립니다	기다리세요	기다려요
내리다 aussteigen	내립니다	내리세요	내려요
늦다 spät sein	늦습니다	늦으세요	늦어요
덥다 heiß sein	덥습니다	더우세요	더워요
되다 werden	됩니다	되세요	돼요
듣다 hören	듣습니다	들으세요	들어요
마시다 trinken	마십니다	드세요	마셔요
만나다 treffen	만납니다	만나세요	만나요
만들다 herstellen	만듭니다	만드세요	만들어요
맵다 scharf sein	맵습니다	매우세요	매워요
먹다 essen	먹습니다	드세요	먹어요
보다 sehen	봅니다	보세요	봐요
부르다 rufen	부릅니다	부르세요	불러요
비싸다 teuer sein	비쌉니다		비쌉니다
사다 kaufen	삽니다	사세요	사요
살다 leben	삽니다	사세요	살아요
쉬다 ausruhen	쉽니다	쉬세요	쉬어요
어떻다 wie sein	어떻습니다	어떠세요	어때요

Infintiv (G7)	formelle Höflichkeit (G7)	informelle Höflichkeit (G13)	informelle Höflichkeit (G11/G12)
어렵다 schwierig sein	어렵습니다	어려우세요	어려워요
없다 nicht haben nicht da sein	없습니다	없으세요 안 계세요 *(Hon.)*	없어요
예쁘다 hübsch sein	예쁩니다	예쁘세요	예뻐요
오다 kommen	옵니다	오세요	와요
이다 sein	입니다	(이)세요	이에요 *(nach Nkon)* (예요) *(nach Nvok)*
읽다 lesen	읽습니다	읽으세요	읽어요
입다 anziehen	입습니다	입으세요	입어요
있다 haben da sein es gibt	있습니다	있으세요 계세요 *(Hon.)*	있어요
작다 klein sein	작습니다	작으세요	작아요
좋다 gut sein	좋습니다	좋으세요	좋아요
좋아하다 mögen	좋아합니다	좋아하세요	좋아해요
찾다 suchen	찾습니다	찾으세요	찾아요
춥다 kalt sein	춥습니다	추우세요	추워요
치다 schlagen	칩니다	치세요	쳐요
크다 groß sein	큽니다	크세요	커요
타다 einsteigen	탑니다	타세요	타요
피우다 rauchen	피웁니다	피우세요	피워요
하다 machen, tun	합니다	하세요	해요

Vergangenheit

Infintiv (G7)	formelle Höflichkeit (G7/G15)	informelle Höflichkeit (G13/G15)	informelle Höflichkeit (G11/G12/G15))
가다 gehen	갔습니다	가셨어요	갔어요
괜찮다 okay sein	괜찮았습니다	괜찮으셨어요	괜찮았어요
그렇다 so sein	그랬습니다	그러셨어요	그랬어요
기다리다 warten	기다렸습니다	기다리셨어요	기다렸어요
내리다 aussteigen	내렸습니다	내리셨어요	내렸어요
늦다 spät sein	늦었습니다	늦으셨어요	늦었어요
덥다 heiß sein	더웠습니다	더우셨어요	더웠어요
되다 werden	됐습니다	되셨어요	됐어요
듣다 hören	들었습니다	들으셨어요	들었어요
마시다 trinken	마셨습니다	드셨어요	마셨어요
만나다 treffen	만났습니다	만나셨어요	만났어요
만들다 herstellen	만들었습니다	만드셨어요	만들었어요
맵다 scharf sein	매웠습니다	매우셨어요	매웠어요
먹다 essen	먹었습니다	드셨어요	먹었어요
보다 sehen	봤습니다	보셨어요	봤어요
부르다 rufen	불렀습니다	부르셨어요	불렀어요
비싸다 teuer sein	비쌌습니다		비쌌어요
사다 kaufen	샀습니다	사셨어요	샀어요
살다 leben	살았습니다	사셨어요	살았어요
쉬다 ausruhen	쉬었습니다	쉬셨어요	쉬었어요
어떻다 wie sein	어땠습니다	어떠셨어요	어땠어요

Infintiv (G7)	formelle Höflichkeit (G7/G15)	informelle Höflichkeit (G13/G15)	informelle Höflichkeit (G11/G12/G15)
어렵다 schwierig sein	어려웠습니다	어려우셨어요	어려웠어요
없다 nicht haben nicht da sein	없었습니다	없으셨어요 안 계셨어요 *(Hon.)*	없었어요
예쁘다 hübsch sein	예뻤습니다	예쁘셨어요	예뻤어요
오다 kommen	왔습니다	오셨어요	왔어요
이다 sein	(이)었습니다	(이)셨어요	이었어요
읽다 lesen	읽었습니다	읽으셨어요	읽었어요
입다 anziehen	입었습니다	입으셨어요	입었어요
있다 haben da sein es gibt	있었습니다	있으셨어요 계셨어요 *(Hon.)*	있었어요
작다 klein sein	작았습니다	작으셨어요	작았어요
좋다 gut sein	좋았습니다	좋으셨어요	좋았어요
좋아하다 mögen	좋아했습니다	좋아하셨어요	좋아했어요
찾다 suchen	찾았습니다	찾으셨어요	찾았어요
춥다 kalt sein	추웠습니다	추우셨어요	추웠어요
치다 schlagen	쳤습니다	치셨어요	쳤어요
크다 groß sein	컸습니다	크셨어요	컸어요
타다 einsteigen	탔습니다	타셨어요	탔어요
피우다 rauchen	피웠습니다	피우셨어요	피웠어요
하다 machen, tun	했습니다	하셨어요	했어요

Futur

Infintiv (G7)	formelle Höflichkeit (G7/G9)	informelle Höflichkeit (G9/G11/G12)
가다 gehen	가겠습니다	가겠어요
괜찮다 okay sein	괜찮겠습니다	괜찮겠어요
그렇다 so sein	그렇겠습니다	그러겠어요
기다리다 warten	기다리겠습니다	기다리겠어요
내리다 aussteigen	내리겠습니다	내리겠어요
늦다 spät sein	늦겠습니다	늦겠어요
덥다 heiß sein	덥겠습니다	덥겠어요
되다 werden	되겠습니다	되겠어요
듣다 hören	듣겠습니다	듣겠어요
마시다 trinken	마시겠습니다	마시겠어요
만나다 treffen	만나겠습니다	만나겠어요
만들다 herstellen	만들겠습니다	만들겠어요
맵다 scharf sein	맵겠습니다	맵겠어요
먹다 essen	먹겠습니다	먹겠어요
보다 sehen	보겠습니다	보겠어요
부르다 rufen	부르겠습니다	부르겠어요
비싸다 teuer sein	비싸겠습니다	비싸겠어요
사다 kaufen	사겠습니다	사겠어요
살다 leben	살겠습니다	살겠어요
쉬다 ausruhen	쉬겠습니다	쉬겠어요
어떻다 wie sein	어떻겠습니다	어떻겠어요

Infintiv (G7)	formelle Höflichkeit (G7/G9)	informelle Höflichkeit (G9/G11/G12)
어렵다 schwierig sein	어렵겠습니다	어렵겠어요
없다 nicht haben nicht da sein	없겠습니다	없겠어요
예쁘다 hübsch sein	예쁘겠습니다	예쁘겠어요
오다 kommen	오겠습니다	오겠어요
이다 sein	(이)겠습니다	(이)겠어요
읽다 lesen	읽겠습니다	읽겠어요
입다 anziehen	입겠습니다	입겠어요
있다 haben da sein es gibt	있겠습니다	있겠어요
작다 klein sein	작겠습니다	작겠어요
좋다 gut sein	좋겠습니다	좋겠어요
좋아하다 mögen	좋아하겠습니다	좋아하겠어요
찾다 suchen	찾겠습니다	찾겠어요
춥다 kalt sein	춥겠습니다	춥겠어요
치다 schlagen	치겠습니다	치겠어요
크다 groß sein	크겠습니다	크겠어요
타다 einsteigen	타겠습니다	타겠어요
피우다 rauchen	피우겠습니다	피우겠어요
하다 machen, tun	하겠습니다	하겠어요

Modalverben I

Infintiv (G7)	können (G17)	nicht können (G17)	wollen (G18)	müssen (G19)
가다 gehen	갈 수 있어요	갈 수 없어요	가고 싶어요	가야 해요
기다리다 warten	기다릴 수 있어요	기다릴 수 없어요	기다리고 싶어요	기다려야 해요
내리다 aussteigen	내릴 수 있어요	내릴 수 없어요	내리고 싶어요	내려야 해요
듣다 hören	들을 수 있어요	들을 수 없어요	듣고 싶어요	들어야 해요
마시다 trinken	마실 수 있어요	마실 수 없어요	마시고 싶어요	마셔야 해요
만나다 treffen	만날 수 있어요	만날 수 없어요	만나고 싶어요	만나야 해요
만들다 herstellen	만들 수 있어요	만들 수 없어요	만들고 싶어요	만들어야 해요
먹다 essen	먹을 수 있어요	먹을 수 없어요	먹고 싶어요	먹어야 해요
보다 sehen	볼 수 있어요	볼 수 없어요	보고 싶어요	봐야 해요
부르다 rufen	부를 수 있어요	부를 수 없어요	부르고 싶어요	불러야 해요
사다 kaufen	살 수 있어요	살 수 없어요	사고 싶어요	사야 해요
살다 leben	살 수 있어요	살 수 없어요	살고 싶어요	살아야 해요
쉬다 ausruhen	쉴 수 있어요	쉴 수 없어요	쉬고 싶어요	쉬어야 해요
오다 kommen	올 수 있어요	올 수 없어요	오고 싶어요	와야 해요
읽다 lesen	읽을 수 있어요	읽을 수 없어요	읽고 싶어요	읽어야 해요
입다 anziehen	입을 수 있어요	입을 수 없어요	입고 싶어요	입어야 해요
찾다 suchen	찾을 수 있어요	찾을 수 없어요	찾고 싶어요	찾아야 해요
치다 schlagen	칠 수 있어요	칠 수 없어요	치고 싶어요	쳐야 해요
타다 einsteigen	탈 수 있어요	탈 수 없어요	타고 싶어요	타야 해요
피우다 rauchen	피울 수 있어요	피울 수 없어요	피우고 싶어요	피워야 해요
하다 machen	할 수 있어요	할 수 없어요	하고 싶어요	해야 해요

Tabellen

Modalverben II

Infintiv (G7)	dürfen (G19)	sollen wir …? (G20)	Lasst uns … (G20)
가다 gehen	가도 돼요	갈까요	갑시다
기다리다 warten	기다려도 돼요	기다릴까요	기다립시다
내리다 aussteigen	내려도 돼요	내릴까요	내립시다
듣다 hören	들어도 돼요	들을까요	들읍시다
마시다 trinken	마셔도 돼요	마실까요	마십시다
만나다 treffen	만나도 돼요	만날까요	만납시다
만들다 herstellen	만들어도 돼요	만들까요	만듭시다
먹다 essen	먹어도 돼요	먹을까요	먹읍시다
보다 sehen	봐도 돼요	볼까요	봅시다
부르다 rufen	불러도 돼요	부를까요	부릅시다
사다 kaufen	사도 돼요	살까요	삽시다
살다 leben	살아도 돼요	살까요	삽시다
쉬다 ausruhen	쉬어도 돼요	쉴까요	쉽시다
오다 kommen	와도 돼요	올까요	옵시다
읽다 lesen	읽어도 돼요	읽을까요	읽읍시다
입다 anziehen	입어도 돼요	입을까요	입읍시다
찾다 suchen	찾아도 돼요	찾을까요	찾읍시다
치다 schlagen	쳐도 돼요	칠까요	칩시다
타다 einsteigen	타도 돼요	탈까요	탑시다
피우다 rauchen	피워도 돼요	피울까요	피웁시다
하다 machen, tun	해도 돼요	할까요	합시다

Satzverknüpfung

Infintiv (G7)	und (G22)	aber (G22)	weil (G23)	wenn (G23)
가다 gehen	가고	가지만	가서	가면
내리다 aussteigen	내리고	내리지만	내려서	내리면
덥다 heiß sein	덥고	덥지만	더워서	더우면
듣다 hören	듣고	듣지만	들어서	들으면
마시다 trinken	마시고	마시지만	마셔서	마시면
만나다 treffen	만나고	만나지만	만나서	만나면
먹다 essen	먹고	먹지만	먹어서	먹으면
보다 sehen	보고	보지만	봐서	보면
비싸다 teuer sein	비싸고	비싸지만	비싸서	비싸면
사다 kaufen	사고	사지만	사서	사면
살다 leben	살고	살지만	살아서	살면
오다 kommen	오고	오지만	와서	오면
이다 sein	이고	이지만	이라서	이면
읽다 lesen	읽고	읽지만	읽어서	읽으면
있다 haben da sein es gibt	있고 계시고	있지만 계시지만	있어서	있으면
좋다 gut sein	좋고	좋지만	좋아서	좋으면
좋아하다 mögen	좋아하고	좋아하지만	좋아해서	좋아하면
춥다 kalt sein	춥고	춥지만	추워서	추우면
치다 schlagen	치고	치지만	쳐서	치면
크다 groß sein	크고	크지만	커서	크면
하다 machen, tun	하고	하지만	해서	하면

Hilfsverben

Infintiv (G7)	Die Hilfsverb 주다 als Imperativ (G16)	Die Hilfsverb 보다 as Imperativ (G16)
가다 gehen	가 주세요	가 보세요
기다리다 warten	기다려 주세요	기다려 보세요
내리다 aussteigen	내려 주세요	내려 보세요
듣다 hören	들어 주세요	들어 보세요
마시다 trinken	마셔 주세요	마셔 보세요
만나다 treffen	만나 주세요	만나 보세요
만들다 herstellen	만들어 주세요	만들어 보세요
먹다 essen	먹어 주세요	먹어 보세요
보다 sehen	봐 주세요	보세요
부르다 rufen	불러 주세요	불러 보세요
사다 kaufen	사 주세요	사 보세요
쉬다 ausruhen	쉬어 주세요	쉬어 보세요
쓰다 schreiben	써 주세요	써 보세요
오다 kommen	와 주세요	와 보세요
읽다 lesen	읽어 주세요	읽어 보세요
입다 anziehen	입어 주세요	입어 보세요
찾다 suchen	찾아 주세요	찾아 보세요
치다 schlagen	쳐 주세요	쳐 보세요
타다 einsteigen	타 주세요	타 보세요
피우다 rauchen	피워 주세요	피워 보세요
하다 machen	해 주세요	해 보세요

Alphabet / Aussprache

A1 Hangeul: Grundvokale / Grundkonsonanten

1 아, 야, 어, 여, 오, 요, 우, 유, 으, 이

2 ㄱ, ㄴ, ㄷ, ㄹ, ㅁ, ㅂ, ㅅ, ㅇ, ㅈ, ㅊ, ㅋ, ㅌ, ㅍ, ㅎ

3 1. 겨, 규, 그, 기 2. 나, 뉴, 느, 니 3. 라, 려, 르, 리 4. 마, 머, 뮤, 미 5. 바, 벼, 뷰, 브
6. 셔, 슈, 스, 시 7. 자, 쥬, 즈, 지 8. 타, 텨, 트, 티 9. 파, 펴, 퓨, 피 10. 하, 혀, 휴, 흐

A2 Hangeul: Grundkombinationen von Vokalen und Konsonanten

1 1. 기차 2. 나비 3. 다리 4. 토마토 5. 소 6. 사랑 7. 바구니 8. 사자 9. 지도 10. 커피

2 1. 머 2. 스 3. 니 4. 버 5. 다 6. 무 7. 누 8. 프 9. 영 10. 후

3 1G • 2E • 3A • 4C • 5D • 6I • 7F • 8J • 9B • 10H

A3 Hangeul: Doppelkonsonanten / Zusammengesetzte Vokale

1 1. 게, 귀, 궈, 긔 2. 내, 뉘, 눠, 늬 3. 대, 데, 둬, 듸 4. 래, 레, 뤼, 릐 5. 배, 베, 뷔, 붜
6. 세, 쉬, 숴, 싀 7. 애, 위, 워, 의 8. 재, 제, 줘, 즤 9. 패, 페, 퓌, 픠 10. 해, 헤, 휘, 희

2 1. A, B 2. B, A 3. B, A 4. A, B 5. B, A

3 1. 개 2. 메 3. 얘 4. 쁘 5. 화 6. 백 7. 계 8. 회 9. 의 10. 왜

4 1F • 2G • 3E • 4H • 5C • 6A • 7B • 8D

A4 Hangeul: Auslautkonsonanten

1 1. 눅, 헉 2. 간, 헌 3. 감, 눔 4. 눌, 헐 5. 갑, 헙 6. 강, 눙

2 1. hanguk, yeok 2. naksi, bak 3. mun, jeonhwa 4. sutgarak, got 5. jeotgarak, ot 6. neutda, natjam 7. kkot, nat
8. mit, kkeut 9. itda, gatda 10. sul, gaeul 11. namja, aiseukeurim 12. ip, bibimbap 13. mureup, neup
14. bang, suyeongjang

3 1E • 2G • 3D • 4B • 5F • 6A • 7C • 8I • 9H

A5 Hangeul: zusammengesetzte Auslautkonsonanten

1 1. mok 2. anda 3. sireohada 4. gwaenchanta 5. bakda 6. kkeunta 7. neolda 8. damda 9. yeodeol

2 1A • 2C • 3B • 4C

3 1. tomaseussineun ilgop sie iseonayo. yeodeol sie achimeul meogeoyo. yeodeol si bane hoesae gayo. 2. achime iri maneumyeon keopireul ran masyeoyo. jeomsime dongnyodeulgwa hamkke siksahareo gayo. 3. jeomsimeul meogeun hue jamkkan kapee anjaseo swieoyo. sigani jom iseumyeon sinmundo ilgeoyo. 4. jeonyeoge yaksogi eopseumyeon undongeul hareo gayo. 5. undongeul sireohajiman iljuire du beoneun gwaenchanayo.

Wortschatz

W1 Persönliche Angaben

1 1. 이메일 2. 키 3. 사진 4. 학력 5. 국적 6. 혼인관계 7. 직업 8. 주소

2 Aussehen: 뚱뚱한, 예쁜, 매력적인, 못생긴, 날씬한
Charaktereigenschaften: 사교적인, 친절한, 공손한

3 1C • 2B • 3D

W2 Berufe / Arbeitsorte

1 1C • 2D • 3A • 4E • 5B

2 1. 미용사 2. 경찰관 3. 판매원 4. 선생 5. 가수

3 1C • 2A • 3B • 4B • 5C

W3 Länder / Nationalitäten / Sprachen

1. 1B • 2B • 3A
2. 1D • 2F • 3G • 4C • 5B • 6A • 7E
3. 1. 영어 2. 중국어 3. 러시아 사람 4. 힌두, 영어 5. 그리스 사람 6. 프랑스어
4. 1. 영국 2. 오스트리아 3. 프랑스 4. 러시아 5. 미국 6. 스페인 7. 독일

W4 Familie

1. 1. 어머니 2. 남동생 3. 장인 4. 아내 5. 고모 6. 며느리 7. 아들 8. 이혼 9. 손녀 10. 시어머니
2. 1. 오빠/형, 남동생 2. 할아버지 3. 사촌 4. 장모 5. 삼촌 6. 여동생 7. 아이
3. 1. 유부남 2. 홀아비 3. 이혼녀 4. 유부녀 5. 독신 남

W5 Freizeit / Hobbys

1. 1. 노래하다 2. 여행하다 3. 수영을 하다 4. 등산하다 5. 축구를 하다 6. 책을 읽다 7. 춤을 추다 8. 그림을 그리다 9. 테니스를 치다 10. 농구를 하다
2. 1C • 2L • 3B • 4H
3. 1C • 2B • 3C

W6 Zeitangaben

1. 봄: 삼월, 사월, 오월 • 여름: 유월, 칠월, 팔월 • 가을: 구월, 시월, 십일월 • 겨울: 십이월, 일월, 이월
2. 1C • 2D • 3E • 4B • 5A
3. 1. 정각 두 시 2. 스무 시 반 3. 열두 시 오십 분 4. 열한 시 십오 분 5. 여덟 시 이십 분 6. 다섯 시 사십 오분 / 여섯 시 십오 분 전

W7 In der Stadt

1. 1C • 2D • 3B • 4A • 5B • 6B
2. 1. 식료품점 2. 신발가게 3. 제과점 4. 장난감가게 5. 서점 6. 옷가게 7. 스포츠용품점
3. 1. 박물관 2. 운동장 3. 시장 4. 공원 5. 대학교

W8 Restaurant / Speisen und Getränke

1. 1. 메뉴판 2. 전체요리 3. 웨이터 4. 반찬 5. 디저트 6. 음식 7. 음료수 8. 커피 9. 막걸리 10. 식당
2. 디저트: 아이스크림, 케이크 • 술: 맥주, 포도주, 소주 • 식탁 위에: 젓가락, 냅킨, 잔
3. 1. 과일 2. 케이크 3. 생선요리 4. 샴페인 5. 우유

W9 Lebensmittel / Mengenangaben

1. 1. 설탕 2. 쌀 3. 양파 4. 우유 5. 배추 6. 치즈 7. 밀가루
2. 배추, 무, 소금, 젓갈, 새우젓, 고춧가루, 마늘, 생강
3. 1. 요구르트 2. 우유 3. 소금 4. 국수 5. 쌀

W10 Kleidung / Farben

1. 1. 양말 2. 스커트 3. 바지 4. 넥타이 5. 모자 6. 코트
2. 색: 파란색, 빨간색, 녹색, 갈색 • 스타일: 우아하다, 멋있다, 스포티하다, 현대적이다 • 치수: 크다, 작다, 좁다, 길다
3. 1E • 2G • 3F • 4C • 5A • 6B • 7D
4. 1. 안 맞다 2. 넓다 3. 매다 4. 작다 5. 벗다 6. 짧다 7. 벗다

W11 Wohnen

2 1. 침실 2. 부엌 3. 차고 4. 욕실 5. 아이 방 6. 작업실

3 1. 주택, 방 2. 침실 3. 침대, 옷장 4. 작업실, 책상 5. 거실, 발코니

4 1. 창문 2. 화장실 3. 침대 4. 이불 5. 온돌

W12 Verkehr

1 1. 표, 벌금 2. 정류장 3. 타다 4. 운전사 5. 멈추다, 내리다

2 1B • 2C • 3C • 4B

3 1. 비행기 2. 기차 3. 차 4. 버스 5. 자전거

4 1D • 2B • 3A • 4C

W13 Körper / Hygiene / Gesundheit

1 1. 머리 2. 이 3. 목 4. 가슴 5. 배 6. 귀

2 얼굴: 눈, 코, 입, 이 • 몸: 발, 어깨, 손가락, 다리, 팔

3 1. 머리카락 2. 눈 3. 목 4. 어깨 5. 가슴 6. 배 7. 다리 8. 발

4 1E • 2F • 3G • 4B • 5C • 6A • 7D

W14 Verbenmix

1 1. 모르다 2. 대답하다 3. 끝내다 4. 사랑하다 5. 눕다 6. 쉬다 7. 오다 8. 울다

2 1. 사랑하다 2. 도와주다 3. 찾다 4. 일하다 5. 보다 6. 가다 7. 이해하다 8. 하다

3

마	전	의	도	졸	입	갈	아	보	먹	밥	어	물	알	이	다
다	사	람	좋	독	보	벗	다	안	꽃	있	하	수	버	스	아
일	다	다	주	아	하	수	김	쉬	안	보	좋	다	앉	자	찾
뛰	달	아	스	사	물	둔	화	의	먹	일	바	라	보	다	도
지	저	숙	달	랑	어	저	미	속	좋	아	하	다	이	지	은
앉	으	며	하	뛰	보	하	해	작	마	지	일	다	르	보	하
주	아	뛰	일	알	다	하	묵	침	다	이	말	미	의	이	지
앉	찾	있	고	쉬	다	쉬	소	시	오	헤	쉬	주	문	기	일
피	만	하	다	가	주	학	구	다	좋	이	찾	도	며	도	먹

Grammatik

G1 Partikel: Nominativ / Akkusativ

1 1Db • 2Ce • 3Bc • 4Ag • 5Cf • 6Dd • 7Ca

2 1. 갈비가 2. 친구가 3. 커피를 4. 음악을 5. 토마스가, 한국어를 6. 비가 7. 텔레비전을 8. 바나나가 9. 편지를 10. 날씨가

3 1. 가 2. 를 3. 가 4. 가, 를 5. 를 6. 이 7. 가, 를 8. 가 9. 이 10. 이, 를

G2 Partikel: Themapartikel / Partikel für „und"

1 1C • 2B • 3C • 4A • 5C

2 1. 는 2. 는 3. 와, 는 4. 은, 은 5. 와 6. 은, 는 7. 는, 는 8. 과, 는 9. 과, 은 10. 는

G3 Partikel: Partikel „auch"/ Partikel „nur"

1 1. 도 2. 만 3. 도 4. 만 5. 도 6. 만 7. 도

2 1. 도, 만 2. 도, 만 3. 도, 만 4. 도, 만 5. 도, 만

G4 Partikel: Genitiv / Dativ

1 1. 어머니의 가방 2. 아버지의 넥타이 3. 언니의 핸드폰 4. 동생의 옷
5. 할머니의 집 6. 선생님의 시계
2 1. 께 2. 에게 3. 에게 4. 에게 5. 한테 6. 께 7. 에게 8. 한테
3 1A • 2B • 3C

G5 Partikel: Ortsangabe / Zeitangabe

1 1. 에 2. 에서 3. 에, 에 4. 에서 5. 에서 6. 에 7. 에서 8. 에 9. 에서 10. 에
2 1. 에 2. 에서 3. 에 4. 에 5. 에서 6. 에 7. 에 8. 에서 9. 에 10. 에서 11. 에 12. 에서 13. 에 14. 에

G6 nominaler Bereich: Komparativ / Superlativ

1 1. A: 알프스가 남산보다 높아요 B: 에베레스트가 제일 높아요 2. A: 독일이 한국보다 큽니다 B: 중국이 제일 큽니다 3. A: 5월이 9월보다 더워요 B: 7월이 제일 더워요 4. A: 서울이 베를린보다 비쌉니다 B: 런던이 제일 비쌉니다
5. A: 바나나가 수박보다 작아요 B: 딸기가 제일 작아요
2 1. 불고기를 제일 좋아해요 2. 재즈를 제일 좋아해요 3. 집을 가장 사고 싶어요
4. 옷이 제일 싸요 5. 어머니가 제일 예뻐요

G7 Verben: Infivitiv / Formelle Höflichkeit

1 1. 치 2. 만나 3. 쓰 4. 하 5. 기다리 6. 적 7. 많 8. 받 9. 입 10. 찾
2 Vkons: 먹, 적, 많, 받, 입, 찾 • Vvok: 가, 치, 만나, 쓰, 하, 기다리
3 Vkons: 먹습니다, 적습니다, 많습니다, 받습니다, 입습니다, 찾습니다
Vvok: 갑니다, 칩니다, 만납니다, 씁니다, 합니다, 기다립니다
4 1. 만납니다 2. 좋아합니다 3. 봅니다 4. 옵니다 5. 마십니다

G8 Verben: Infivitiv / Formelle Höflichkeit

1 1. 자, 잡니까 2. 보, 봅니까 3. 싸, 쌉니까 4. 좋아하, 좋아합니까 5. 치, 칩니까
6. 듣, 듣습니까 7. 읽, 읽습니까 8. 찾, 찾습니까 9. 많, 많습니까 10. 받, 받습니까
2 1. 갑니까 2. 네, 쌉니다 3. 많습니까 4. 아픕니까 5. 네, 공부합니다
6. 만납니까 7. 좋아합니다 8. 읽습니까 9. 네, 칩니다 10. 예쁩니까

G9 Verben: Futur der formellen Höflichkeit

1 1. 사, 사겠습니다 2. 만나, 만나겠습니다 3. 보, 보겠습니다 4. 하, 하겠습니다
5. 치, 치겠습니다 6. 기다리, 기다리겠습니다 7. 읽, 읽겠습니다 8. 받, 받겠습니다 9. 먹, 먹겠습니다 10. 많, 많겠습니다
2 1C • 2C • 3B • 4B

G10 Verben: Verneinung

1 1. 안 갑니다, 가지 않습니다 2. 안 먹습니다, 먹지 않습니다 3. 안 마십니다, 마시지 않습니다 4. 안 잡니다, 자지 않습니다 5. 안 일어납니다, 일어나지 않습니다 6. 안 많습니다, 많지 않습니다 7. 안 작습니다, 작지 않습니다
8. 안 아픕니다, 아프지 않습니다 9. 안 춥습니다, 춥지 않습니다 10. 안 탑니다, 타지 않습니다
2 1. 안 만납니다 2. 지 않습니다 3. 안 봅니까 4. 하지 않습니다
3 1B (안 마십니다) • 2C (쓰지 않겠습니다) • 3B (안 기다리겠습니까)

G11 Verben: Konverbalform / Informelle Höflichkeit (ifH)

1 1. 봐, 봐요 2. 사, 사요 3. 먹어, 먹어요 4. 만나, 만나요 5. 기다려, 기다려요 6. 작아, 작아요 7. 있어, 있어요 8. 타, 타요

2 Infinitiv: 좋아하다, 웃다, 기다리다, 받다, 읽다 • Konverbalform: 와, 자, 만나, 많아, 먹어
Informelle Höflichkeitsform: 사요, 좋아요, 봐요, 써요, 예뻐요

3 1B • 2C • 3A

G12 Verben: Konverbalform (2) / Informelle Höflichkeit

1 1. 더워, 더워요 2. 쉬워, 쉬워요 3. 좋아해, 좋아해요 4. 피곤해, 피곤해요 5. 들어, 들어요 6. 바빠, 바빠요 7. 슬퍼, 슬퍼요 8. 매워, 매워요 9. 기뻐, 기뻐요 10. 이에 (예), 이에요 (예요)

2 Infinitiv: 듣다, 바쁘다, 이다, 쓰다, 하다 • Konverbalform: 좋아해, 어려워, 들어, 기뻐 •
Informelle Höflichkeitsform: 아파요, 해요, 예뻐요, 이에요, 추워요

3 1C • 2B • 3A

G13 Verben: Informelle Höflichkeit 2. Person mit (으)세요

1 1. 보, 보세요 2. 주, 주세요 3. 만나, 만나세요 4. 듣, 들으세요 5. 읽, 읽으세요 6. 기다리, 기다리세요 7. 하, 하세요 8. 살, 사세요 9. 어렵, 어려우세요 10. 쉽, 쉬우세요

2 1A • 2C • 3C • 4B

3 1. 사세요 2. 보세요 3. 좋아하세요

G14 Verben: Imperativ

1 1. 사세요, 사지 마세요 2. 주세요, 주지 마세요 3. 보세요, 보지 마세요 4. 만나세요, 만나지 마세요 5. 하세요, 하지 마세요 6. 읽으세요, 읽지 마세요 7. 받으세요, 받지 마세요 8. 쓰세요, 쓰지 마세요 9. 기다리세요, 기다리지 마세요 10. 일어나세요, 일어나지 마세요

2 1. 운동하세요 2. 드세요 3. 일하세요 4. 주무세요

3 1. 담배를 피우지 마세요 2. 술 마시지 마세요 3. 말하지 마세요 4. TV를 보지 마세요 5. 음악을 듣지 마세요

G15 Verben: Vergangenheit

1 1. 사, 샀어요 2. 먹어, 먹었어요 3. 와, 왔어요 4. 마셔, 마셨어요 5. 읽어, 읽었어요 6. 살아, 살았어요 7. 들어, 들었어요 8. 써, 썼어요 9. 더워, 더웠어요 10. 어려워, 어려웠어요

2 1. 먹었어요 2. 보셨어요 3. 일어났어요 4. 전화했어요 5. 좋았어요 6. 오셨어요

G16 Verben: Die Hilfsverben 주다 und 보다

1 1. 봐, 봐 주세요 2. 사, 사 주세요 3. 들어, 들어 주세요 4. 전화해, 전화해 주세요 5. 기다려, 기다려 주세요

2 1. 해, 해 보세요 2. 만나, 만나 보세요 3. 읽어, 읽어 보세요 4. 들어, 들어 보세요 5. 찾아, 찾아 보세요

3 1. 백화점 가 주세요 2. 한국어 가르쳐 주세요 3. 꽃 사 주세요 4. 연필 빌려 주세요

4 Bitte: 읽어 주세요, 전화해 주세요, 만나 주세요
Vorschlag: 마셔 보세요, 먹어 보세요. 자 보세요

G17 Verben: können / nicht können

1 1. 볼 수 있어요, 볼 수 없어요 2. 읽을 수 있어요, 읽을 수 없어요
3. 칠 수 있어요, 칠 수 없어요 4. 쓸 수 있어요, 쓸 수 없어요
5. 줄 수 있어요, 줄 수 없어요 6. 할 수 있어요, 할 수 없어요
7. 찾을 수 있어요, 찾을 수 없어요 8. 마실 수 있어요, 마실 수 없어요
9. 만날 수 있어요, 만날 수 없어요 10. 일어날 수 있어요, 일어날 수 없어요

2 1A • 2B • 3C • 4C • 5A

3 1. 네, 할 수 있어요 2. 아니오, 할 수 없어요 3. 네, 칠 수 있어요

G18 Verben: wollen

1 1. 보고 싶어요, 보고 싶어해요 2. 자고 싶어요, 자고 싶어해요 3. 주고 싶어요, 주고 싶어해요 4. 하고 싶어요, 하고 싶어해요 5. 받고 싶어요, 받고 싶어해요
6. 만나고 싶어요, 만나고 싶어해요 7. 읽고 싶어요, 읽고 싶어해요
8. 듣고 싶어요, 듣고 싶어해요

2 1. 어머니 독일에 여행하고 싶어해요 2. 아들 컴퓨터 사고 싶어해요 3. 딸 초콜릿 먹고 싶어해요 4. 사장님 노래하고 싶어해요 5. 친구 콘서트 가고 싶어해요

3 1. 갈비를 먹고 싶어요 2. Berlin에 가고 싶어요 3. 톰 크루즈를 만나고 싶어요

G19 Verben: müssen / dürfen

1 1. 줘야 해요, 줘도 돼요 2. 자야 해요, 자도 돼요 3. 써야 해요, 써도 돼요
4. 사야 해요, 사도 돼요 5. 해야 해요, 해도 돼요 6. 봐야 해요, 봐도 돼요
7. 읽어야 해요, 읽어도 돼요 8. 쳐야 해요, 쳐도 돼요 9. 먹어야 해요, 먹어도 돼요 10. 마셔야 해요, 마셔도 돼요

2 1. 밥 먹어야 해요 2. 물 마셔야 해요 3. 운동 해야 해요 4. 빵 사야 해요
5. 한국말 배워야 해요

3 1. 텔레비전을 봐도 돼요 2. 담배 피워도 돼요 3. 초콜릿 먹어도 돼요
4. 전화해도 돼요

G20 Verben: Sollen wir … ?/ Lasst uns …

1 1. 올까요, 옵시다 2. 볼까요, 봅시다 3. 탈까요, 탑시다 4. 읽을까요, 읽읍시다
5. 줄까요, 줍시다 6. 할까요, 합시다 7. 쓸까요, 씁시다 8. 배울까요, 배웁시다
9. 마실까요, 마십시다 10. 기다릴까요 기다립시다

2 1. 갈비를 먹읍시다 2. 맥주를 마십시다 3. 일요일에 만납시다 4. 백화점에서 만납시다 5. 테니스를 칩시다 6. 한국영화를 봅시다 7. 시작합시다

G21 Verben: Partizip Präsens

1 1. 타는 2. 읽는 3. 재미있는 4. 기다리는 5. 늦은 6. 아픈
2 1. 불고기를 먹는 2. 버스 기다리는 3. 한국사람이 좋아하는 4. 시청에 가는
3 1. 재미없는 2. 빠른 3. 작은 4. 많은 5. 비싼

G22 Die Satzverknüpfung 1: „und" / „aber"

1 1. 먹고, 먹지만 2. 자고, 자지만 3. 맵고, 맵지만 4. 비싸고, 비싸지만
5. 예쁘고, 예쁘지만

2 1. 한국어를 배우고, 일본어도 배워요 2. 아침을 먹고, 회사에 가요
3. 독일사람은 치즈를 좋아하고, 한국사람은 김치를 좋아해요
4. 지하철은 싸고, 빨라요 5. 7월은 덥고, 비가 많이 와요

3 1. 바나나는 맛있지만 사과는 맛없어요 2. 불고기는 먹지만 김치는 안 먹어요 3. 저는 서울에 살지만 가족은 부산에 살아요 4. 토마스는 맥주를 마시지만 저는 안 마셔요

G23 Die Satzverknüpfung 2: weil …, da … / wenn …

1 1. 가서, 가면 2. 많아서, 많으면 3. 아파서, 아프면 4. 비싸서, 비싸면 5. 있어서, 있으면

2 1. 비가 많이 와서 등산 갈 수 없어요 2. 너무 더워서 아이스크림 먹고 싶어요 3. 어제 술을 많이 마셔서 피곤해요 4. 전화 못 해서 미안해요

3 1. 친구가 안 가면 저도 안 가겠어요 2. 비가 오면 집에서 텔레비전을 보겠어요 3. 한국에 가면 김치하고 불고기를 먹어 보겠어요 4. 시간이 있으면 부산에 가고 싶어요

G24 Zahlen: Sinokoreanische Zahlen / Zahlwörter 1

1 1. 십 팔 2. 이십 일 3. 십 일 4. 십 일 5. 백 사십 6. 삼 7. 오십 8. 이십 일

2 1. 육백 원입니다 2. 칠 천 오백 원입니다 3. 구만 팔천 칠백 원입니다 4. 오백 사십 구만 천 원입니다

3 1B • 2A • 3A • 4B

4 1. 천 구백 칠 십 삼 년 오월 이십 오 일입니다 2. 십이월 이십 오 일입니다 3. 십 칠 층에 살아요 4. 공 일 (다시) 이 사 오 (다시) 육 칠 팔 구 입니다

G25 Zahlen: Koreanische Zahlen / Zahlwörter 2

1 1. 여덟, 열, 열 둘, 열 넷, 열 여섯, 열 여덟, 스물, 스물 둘, 스물 넷 … 2. 일곱, 아홉, 열 하나, 열 셋, 열 다섯, 열 일곱, 열 아홉, 스물 하나, 스물 셋 … 3. 열 둘, 열 다섯, 열 여덟, 스물 하나, 스물 넷, 스물 일곱, 서른, 서른 셋, 서른 여섯 … 4. 마흔, 쉰, 예순, 일흔, 여든, 아흔 5. 스물 둘, 열 하나 6. 예순 여섯, 쉰 다섯, 마흔 넷, 서른 셋 …

2 1B • 2C • 3B • 4C • 5A

3 1. 가방 세 개 사요 2. 맥주 네 병 마셔요 3. 한 마리 있어요 4. 사과 네 개하고 바나나 다섯 개 있어요 5. 자동차 두 대 있어요 6. 커피 여섯 잔 마셔요

Kommunikation

K1 Sich begrüßen / Nach dem Befinden fragen / Sich verabschieden

1 Begrüßung: 안녕하세요, 안녕 • Befinden: 잘 지내요, 어떻게 지내세요 Abschied: 안녕히 가세요, 안녕히 계세요, 또 뵙겠습니다, 행운을 빌어요

2 1. 안녕 3. 잘 지내 4: 너는 5: 안녕하세요 6. 안녕하세요 7. 잘 지내세요 8. 박지영씨는요

3 1. 안녕하십니까 2. 안녕하세요 3. 안녕 4. 안녕하십니까 5. 안녕하세요

4 1. 아주 잘 지내요 2. 잘 지내요 3. 그저 그래요

K2 Sich / jemanden vorstellen

1 1. 안녕하세요 2. 제 소개를 하겠습니다. 3. 저는 박지영입니다 4. 성함이 어떻게 되세요 5. 제 이름은 이민수입니다 6. 만나서 반갑습니다.

2 1. 안녕하세요 2. 처음 뵙겠습니다 3. 저는 … 입니다 4. 저도 만나서 반갑습니다

3 1. 안녕하세요 2. 저는, 성함, 되세요 3. 만나서 반갑습니다

4 1. 사장님을 소개하겠습니다 2. 친구를 소개하겠습니다 3. 제 소개를 하겠습니다

K3 Alter / Beruf / Adresse angeben

1 1D • 2A • 3E • 4B • 5C

2 1B • 2A • 3C

3 1. 나이가 어떻게 되세요 2. 몇 살이야 3. 주소가 어떻게 되세요
4. 직업이 뭐예요 / 무슨 일을 하세요 5. 어디에서 일하세요

K4 Nationalität / Herkunft / Wohnort angeben

1 1E • 2A • 3C • 4B • 5D

2 1. 독일사람이에요. Berlin에 살아요 2. 미국사람이에요. L.A에 살아요
3. 일본사람이에요. Osaka에 살아요

3 1. 서울에서 살아요 2. 호텔에서 지내요 3. 한국에서 왔어요
4. 친구 집에서 살아요 5. 부모님 댁에서 살아요

K5 Über die Familie sprechen

1 1B • 2A • 3C

2 1. 아이가 있어요 2. 형제가 있어요 3. 결혼했어요 4. 딸이 있어요 5. 가족이 몇 명이세요

3 1. 이민수씨는 아들 하나, 딸 하나 있어요 2. 이민수씨는 결혼했어요
3. 이민수씨는 형 하나하고 누나 하나가 있어요 4. 이민수씨는 남동생이 하나 있어요 5. 이민수씨는 여동생이 둘 있어요

K6 Sich entschuldigen / Um etwas bitten / Sich bedanken

1 Entschuldigungen: 미안합니다, 실례합니다, 괜찮아요, 죄송합니다
Bedanken: 고맙습니다, 천만에요, 별 말씀을요, 감사합니다

2 1. 괜찮아요 2. 별 말씀을요, 천만에요 3. 괜찮아요 4. 천만에요. 별 말씀을요

3 A: 주세요 B: 줄 수 있어요 C: 몇 시예요 D: 말 해 줄 수 있어요 E: 보여 주세요
F: 보여 줄 수 있어요 G: 설명해 주세요 H: 설명해 줄 수 있어요

K7 Sprachkenntnisse angeben / Missverständnisse klären

1 1. 전혀 2. 조금 3. 잘 4. 조금 5. 아주 잘 6. 전혀 7. 잘

2 1. 아주 잘 2. 잘 3. 조금 4. 못 5. 전혀 못

3 1G • 2F • 3D • 4A • 5E • 6C • 7B

K8 Über Gewohnheiten / Vorlieben / Abneigungen sprechen

1 1. 제일/가장 2. 조금 3. 제일/가장 4. 아주 5. 전혀 6. 제일/가장

2 1. 축구를 아주 싫어해요 2. 한국사람들은 등산을 제일 싫어해요
3. 저는 스포츠를 안 좋아해요 4. 한국사람들은 영화를 가장 싫어해요

3 1. 토마스는 야구를 제일 좋아해요 2. 토마스는 조깅을 아주 좋아해요
3. 토마스는 여행을 조금 좋아해요 4. 토마스는 테니스를 싫어해요
5. 토마스는 등산을 전혀 안 좋아해요 6. 토마스는 쇼핑을 제일 싫어해요

4 1. 언제나 2. 자주 3. 가끔 4. 보통 5. 자주

K9 Am Telefon

1 1D • 2F • 3B • 4G • 5A • 6E • 7C

2 여보세요 / 김진아씨 계세요 / 네, 계세요. 실례지만, 누구세요 / 저는 이민수입니다

3 1. 이민수씨 계세요 2. 저는 토마스입니다 3. 저에게 전화해 달라고 전해 줄 수 있어요 4. 안 계세요 5. 잠깐만 기다리세요 6. 전화 잘 못 걸었어요 7. 안녕히 계세요

K10 Sich verabreden / Vorschläge machen, annehmen, ablehnen

1 1C • 2F • 3E • 4A • 5B • 6D

2 1. 좋은 생각이에요 2. 안돼요, 토요일은 어때요 3. 어디에서 4. 언제 5. 조금 늦어요

3 z.B. 1. 영화 보러 갈까요? 2. 오페라는 어때요 3. 좋아요 4. 언제 보러 갈까요 5. 8시에 만날까요 …

K11 Nach dem Weg fragen / den Weg beschreiben

1 1C • 2B • 3C

2 1H • 2G • 3F • 4D • 5B • 6A • 7C • 8E

3 1. 어떻게 2. 건너세요, 왼쪽으로 3. 똑바로 4. 신호등, 오른쪽으로 5. 길 오른쪽에 6. 내리세요

K12 Im Restaurant

1 1. 주문할 수 있어요 2. 네, 뭘 드시겠어요 3. 갈비로 하겠어요 4. 음료수는 뭘로 하시겠어요 5. 콜라 한 병 주세요 6. 맛있게 드셨어요 7. 네, 아주 맛있어요 8. 그런데 조금 매워요

2 1E • 2F • 3G • 4A • 5C • 6D • 7B

3 1. 맛있게 드세요 2. 건배 3. 맥주, 주세요 4. 맛있어요 5. 메뉴판 주세요 6. 선불 7. 음료수 8. 계산서 주세요

K13 Einkaufen / Dinge vergleichen

1 1. Diese Hose gefällt mir gut 2. Wie viel kostet dieser rote Rock 3. Hätten Sie etwas Günstigeres? 4. Dieser Pullover ist am teuersten 5. Gefällt Ihnen diese Krawatte? 6. Haben Sie diese Schuhe eine Nummer kleiner? 7. Ich schau mich nur um 8. Kann ich anprobieren?

2 1D/E • 2D/E • 3A • 4B • 5C

3 1. 너무 비싸요 2. 너무 작아요 3. 마음에 안 들어요 4. 더 예뻐요 5. 아주 마음에 들어요 6. 조금 커요

K14 Im Hotel

1 1, 4, 5

2 1G • 2H • 3B • 4D • 5C • 6F • 7E • 8A

3 1. 원 베드룸을 예약하고 싶어요 2. 아침식사 포함된 방을 주세요 3. 저녁식사 포함된 방 하나 예약하고 싶어요 4. 방에 뭐가 있어요 5. 원 베드룸 일주일 예약하고 싶어요 6. 냉장고 있어요

K15 Reisen

1 1. 부산 행 기차표 한 장 주세요 2. 왕복으로 주세요 3. 기차가 늦어요 4. 기차가 대구로 가요 5. 매표소가 어디에 있어요

2 1. 언제 기차가 출발해요 2. 이 기차는 어디로 가요 3. 어디에서 출발해요 4. 비행기는 언제 이륙해요 5. 언제 기차가 도착해요 6. 이 버스가 시내로 가요

3 즐거운 여행 되세요

Mini-Wörterbuch

Das Mini-Wörterbuch folgt der in Korea üblichen lexikalischen Ordnung.
Die Silben werden innerhalb der Konsonantenfolge ㄱ ㄲ ㄴ ㄷ ㄸ ㄹ ㅁ ㅂ ㅃ ㅅ ㅆ ㅇ ㅈ ㅉ ㅊ ㅋ ㅌ ㅍ ㅎ nach den Vokalen in der Reihenfolge ㅏ ㅐ ㅑ ㅒ ㅓ ㅔ ㅕ ㅖ ㅗ ㅘ ㅙ ㅚ ㅛ ㅜ ㅝ ㅞ ㅟ ㅠ ㅡ ㅢ ㅣ geordnet.

ㄱ

가게 Geschäft
가구 Möbel
가끔 manchmal
가다 gehen
가로수 Allee
가르치다 unterrichten
가방 Tasche
가수 Sänger
가슴 Brust
가을 Herbst
가정용품점 Haushaltswarenladen
가족 Familie
가족구성원 Familienmitglieder
가족상황 Familienstand
가족잔치 Familienfest
가짜 Verfälschung
간장 Sojasauce
간식 Kleinigkeit essen
갈비 Galbi *(Gericht)*
갈색 Braun
갈아타다 umsteigen
감각 Sinne
감다 (Haare) waschen
감사하다 sich bedanken
감자 Kartoffel
감정 Gefühl
강 Fluss
강남 Gangnam *(Bezirk)*
개 Hund, Stück *(Zahlwort)*
개미 Ameisen
갤러리 Galerie
거기 dort
거리 Straße
거실 Wohnzimmer
거울 Spiegel
건강 Gesundheit
건강하다 gesund sein
건너다 überqueren
건너편 gegenüber
건물 Gebäude
건방진 arrogant
건배 Prost
건축 Architektur
걸다 (전화를) anrufen
검정색 schwarz
것 Ding, Sache
겨울 Winter
격자무늬의 kariert
결혼 Heirat
결혼하다 heiraten
경주 Gyeongju *(Stadt)*
경찰관 Polizist
경찰서 Polizei
경청하다 zuhören
경험하다 erfahren
계단 Treppe
계란 Ei
계산대 Kasse
계산서 Rechnung
계산하다 bezahlen
고기 Fleisch
고구마 Süßkartoffeln
고리 Ring
고맙다 danken
고모 Tante väterlicherseits
고속도로 Autobahn
고양이 Katze
고춧가루 Chilipulver
고통 Schmerzen
고프다 hungrig sein
곧 bald
골목 Gasse
골프 Golf

공	Null (sinokorean.), Ball	기관	Institution
공원	Park	기다리다	warten
공장	Fabrik	기름	Öl
공항	Flughafen	기쁘다	sich freuen
과부	verwitwet (f.)	기업	Unternehmen
과일	Obst	기차	Zug
과자	Kekse	길	Weg
광장	Platz	길다	lang sein
괜찮다	okay sein, in Ordnung sein	김밥	Gimbap (Gericht)
교통	Verkehr	김치	Gimchi (Gericht)
교통경찰	Verkehrspolizist	김치찌개	Gimchijjigae (Gericht)
교통사고	Verkehrsunfall	까치	Elster
교통수단	Verkehrsmittel	꼬리	Schwanz
교통체증	Stau	꽃	Blume
교통표지판	Verkehrsschild	꽃집	Blumenladen
교회	Kirche	꿈	Traum
구	neun (sinokorean.)	끊다	aufhören
구경하다	umschauen, besichtigen	끝내다	beenden
구내식당	Kantine		
구두	Schuhe mit Absatz	**ㄴ**	
구석	Ecke	나	ich
구시가지	Altstadt	나가다	ausgehen
구월	September	나라	Land
구토하다	sich übergeben, erbrechen	나무	Baum
국	Suppe	나비	Schmetterling
국가	Land	나이	Alter
국수	Nudeln	나중에	später
국적	Nationalität	낚시	Angeln
국제기업	Internationales Unternehmen	낚시하다	angeln
국회	Parlament	날짜	Datum
군것질 하다	naschen	남기다	hinterlassen
궤도	Schiene	남동생	jüngerer Bruder
귀	Ohr	남산	Namsan (Berg in Seoul)
그냥	nur so	남자	Mann
그램	Gramm	남편	Ehemann
그렇다	so sein	낫	Sichel
그릇	Schüssel	낮	Mittag
그렇지만	aber	낮다	niedrig sein
그리다	malen	낯	Gesicht
그리스	Griechenland	내	mein (나 + 의)
그리스어	Griechisch	내려오다	herunterkommen
그림	Bild	내리다	aussteigen
극장	Theater	냄새 맡다	riechen
금요일	Freitag	냅킨	Serviette

냉장고 Kühlschrank
너 du
너무 zu
넓다 breit sein
네덜란드 Niederlande
네덜란드어 Niederländisch
넥타이 Krawatte
넷(네) vier *(korean.)*
노란색 gelb
노래 Lied
노래방 korean. Karaoke
노르웨이 Norwegen
노르웨이어 Norwegisch
녹색 grün
녹차 Grüntee
농구 Basketball
누가 wer
누구 wer
누나 ältere Schwester eines Mannes
눈 Schnee, Augen
눈썹 Augenbrauen
뉴질랜드 Neuseeland
눕다 liegen
느끼다 sich fühlen
늘씬한 schlank
늦다 spät sein
늪 Sumpf

ㄷ

다니다 pendeln
다른 andere
다리미 Bügeleisen
다섯 fünf *(korean.)*
다시 wieder
다양한 verschieden
다음 nächste
닦다 wischen, putzen
단색의 einfarbig
달 Monat, Mond
달다 süß sein
닭고기 Hähnchen
닮다 ähneln
담배 Zigarette
답 Antwort

당근 Karotte
대구 Daegu *(Stadt)*
대답하다 antworten
대리인 Stellvertreter
대머리인 kahl
대학교 Universität
댁 Haus *(Hon. von* 집*)*
더 mehr
덥다 heiß sein
도 auch
도시 Stadt
도착하다 ankommen
독 Gift
독신 남 ledig, Single *(m.)*
독신 녀 ledig, Single *(f.)*
독일 Deutschland
독일사람 Deutscher
독일어 Deutsch
돈 Geld
돌 1. Geburtstag, Stein
돕다 helfen
동료 Kollege
동생 jüngere(r) Bruder / Schwester
돼지 Schwein
돼지고기 Schweinefleisch
되다 werden
되돌아 zurück
둘(두) zwei *(korean.)*
드시다 essen *(Hon.)*
듣다 hören
들어가다 hereinfahren
등 Rücken, Lampe
등산 Bergsteigen
디저트 Nachtisch
따다 pflücken
딸 Tochter
땀 Schwitzen, Schweiß
떠나다 wegfahren
똑바로 geradeaus
뚱뚱한 dick
뛰다 laufen
뜻 Bedeutung

ㄹ

라디오	Radio
러시아	Russland
러시아어	Russisch
리터	Liter
린스	Haarspülung

ㅁ

마가린	Margarine
마늘	Knoblauch
마리	Tiere *(Zahlwort für Tiere)*
마시다	trinken
마을	Dorf
마음에 들다	gefallen
마흔	vierzig *(korean.)*
막걸리	koreanischer Reiswein
만	zehntausend *(sinokorean.)*, nur
만나다	treffen
만들다	herstellen
만지다	anfassen
많다	viele sein
많이	viele
말	Sprache
말하다	sprechen
맛없다	nicht gut schmecken
맛있게	lecker
맛있다	gut schmecken
맞다	passen
매다	binden
매력적인	attraktiv
맥주	Bier
맵다	scharf sein
머리	Kopf
머리카락	Haare
먹다	essen
멈추다	anhalten
멋있다	schick sein
메뉴	Menü
메뉴판	Speisekarte
메시지	Nachricht
며느리	Schwiegertochter
면도기	Rasierapparat
면도하다	sich rasieren
명	Menschen *(Zahlwort)*
명동	Myeongdong *(Bezirk)*
몇	wie viel
모든	alle
모르다	nicht wissen
모자	Hut
목	Hals
목요일	Donnerstag
목욕	Baden
목욕하다	baden
몫	Anteil
몸	Körper
몸무게	Gewicht
몽골	Mongolei
몽골어	Mongolisch
못 생긴	hässlich
무	Rettich
무늬	Muster
무대	Bühne
무릎	Knie
무슨	was für ein
무엇	was
문	Tür
문방구	Schreibwarenladen
문화	Kultur
묻다	fragen
물	Wasser
물방울 무늬의	gepunktet
물어보다	fragen
뮤지컬	Musical
미국	Amerika
미안하다	sich entschuldigen
미용사	Friseur
미용실	Friseursalon
미워하다	hassen
밀가루	Mehl
밑	unten

ㅂ

바	Bar
바구니	Korb
바꾸다	wechseln
바나나	Banane
바다	Meer
바닥	Boden

바라보다	schauen
바르다	eincremen
바쁘다	beschäftigt sein
바지	Hose
박물관	Museum
밖	draußen
반	halb
반갑다	erfreut sein
반찬	Beilagen
받다	bekommen
발가락	Zeh
밝다	hell sein
밝은	hell
밤	Nacht
밥	Reis
방	Zimmer
방석	Kissen
방해하다	stören
배	Bauch, Birne, Schiff
배구	Volleyball
배우다	lernen
배추	Chinakohl
백	hundert (sinokorean.)
백화점	Kaufhaus
버스	Bus
버터	Butter
번	mal
벌금	Geldstrafe
벌다	verdienen
벌써	schon
벗다	sich ausziehen
베를린	Berlin
베이컨	Speck
베트남	Vietnam
베트남어	Vietnamesisch
벽	Wand
변비	Verstopfung
병	Flasche
병원	Krankenhaus
보다	sehen
보라색	Violett
보이다	sichtbar machen
보통	normalerweise, in der Regel
보행자	Fußgänger
복용하다	einnehmen
복잡하다	chaotisch sein
봄	Frühling
봉지	Päckchen
뵙다	treffen (Hon.)
부르다	rufen
부모	Eltern
부부	Ehepaar
부산	Busan (Stadt)
부엌	Küche
부족하다	fehlen
북한산	Bukhan (Berg)
분	Minute
분홍색	rosa
불고기	Bulgogi (Gericht)
블라우스	Bluse
비	Regen
비누	Seife
비디오방	Videoraum
비만의	korpulent
비빔밥	Bibimbap (Gericht)
비서	Sekretärin
비싸다	teuer sein
비행기	Flugzeug
빈	Wien
빌다	wünschen
빌리다	ausleihen
빗	Kamm
빗다	sich kämmen
빠르다	schnell sein
빨간색	rot
빨리	schnell
빵	Brot

ㅅ

사	vier (sinokorean.)
사거리	Kreuzung
사계절	Jahreszeiten
사고	Unfall
사과	Apfel
사교적인	gesellig
사다	kaufen
사람	Mensch
사랑	Liebe

사랑하다	lieben	성	Familienname
사무실	Büro	성격	Charakter
사업가	Geschäftsmann	성공	Erfolg
사월	April	성함	Name (Hon.)
사위	Schwiegersohn	세계	Welt
사자	Löwe	세면대	Waschbecken
사장	Chef	세수하다	Gesicht waschen
사진	Foto	세탁기	Waschmaschine
사촌	Cousine, Cousin	셋(세)	drei (korean.)
산	Berg	소	Kuh
산책	Spaziergang	소개하다	vorstellen
살	Alter (Zahlwort für Lebensjahre)	소금	Salz
살다	leben, wohnen	소리	Stimme
삼	drei (sinokorean.)	소방관	Feuerwehrmann
삼월	März	소방서	Feuerwehr
삼촌	Onkel	소시지	Wurst
상점	Geschäft, Laden	소주	Schnaps
새우젓	Shrimpssauce	소켓	Steckdose
색	Farbe	소파	Couch
샌드위치	Sandwich	속옷	Unterwäsche
생각	Gedanke	손	Hand
생각하다	denken	손가락	Finger
생강	Ingwer	손녀	Enkelin
생년월일	Geburtsdatum	손바닥	Handfläche
생맥주	Fassbier	손자	Enkel
생선	Fisch	손주	Enkel, Enkelin
생일	Geburtstag	솥	Topf
생크림	Sahne	쇠고기	Rindfleisch
샤워	Dusche	쇼핑	Shopping
샤워크림	Duschgel	쇼핑하다	Shopping machen
샤워하다	sich duschen	수건	Handtuch
샴페인	Sekt	수다스러운	gesprächig
샴푸	Shampoo	수도	Hauptstadt
서다	halten	수영	Schwimmen
서른	dreißig (korean.)	수영장	Schwimmbad
서울	Seoul	수영하다	schwimmen
서점	Buchhandlung	수요일	Mittwoch
선물	Geschenk	숙제	Hausaufgabe
선물하다	schenken	숟가락	Löffel
선생님	Lehrer, Lehrerin	술	Alkohol
설명	Erklärung	숲	Wald
설명하다	erklären	쉬다	sich ausruhen
설사	Durchfall	쉰	fünfzig (korean.)
설탕	Zucker	쉽다	einfach sein

스물	zwanzig (korean.)
스웨터	Pullover
스위스	Schweiz
스커트	Rock
스타일	Stil
스타킹	Strümpfe
스튜디오	Studio
스페인	Spanien
스페인어	Spanisch
스포츠	Sport
스포츠용품점	Sportgeschäft
스포티한	sportlich
스푼	Löffel
스프레이	Spray
슬프다	traurig sein
승강장	Gleis
승객	Passagier
시	Uhr(zeit)
시간	Stunde, Zeit
시계	Uhr
시골	Provinz
시금치	Spinat
시내	Zentrum
시다	sauer sein
시부모	Schwiegereltern
시설	Einrichtung
시아버지	Schwiegervater einer Frau
시어머니	Schwiegermutter einer Frau
시월	Oktober
시작하다	anfangen
시장	Markt
시청	Rathaus
식당	Restaurant
식료품점	Lebensmittelgeschäft
식사하다	essen
식초	Essig
식탁	Esstisch
신다	(Schuhe) anziehen
신문	Zeitung
신발	Schuhe
신발가게	Schuhgeschäft
신상정보	Angaben zur Person
신용카드	Kreditkarte
신호등	Ampel
실례하다	sich entschuldigen
싫어하다	hassen
십	zehn (sinokorean.)
십이월	Dezember
십일월	November
싸다	billig sein
쌀	Reis
쓰다	schreiben, aufsetzen (Mütze)
씻다	waschen

ㅇ

아기	Baby
아니다	nicht sein
아내	Ehefrau
아들	Sohn
아름답다	wunderbar sein
아버지	Vater
아이	Kind
아이스크림	Eiscreme
아주	sehr
아직	noch
아침	Morgen
아파트	Apartment
아프다	krank sein
아홉	neun (korean.)
아흔	neunzig (korean.)
안경	Brille
안녕히	wohlbefindlich
안동	Andong (Stadt)
안되다	es geht nicht
안락의자	Sessel
앉다	sich setzen
앉아있다	sitzen
알다	wissen
알약	Tablette
앞	vorne
야구	Baseball
야채	Gemüse
약	Medizin
약국	Apotheke
약사	Apotheker
약속	Verabredung
약속하다	sich verabreden
약혼	Verlobung

양념	Gewürz	영	Null *(sinokorean.)*
양말	Socken	영국	England
양복	Anzug	영어	Englisch
양복점	Schneiderei	영화	Film
양파	Zwiebel	영화관	Kino
얘기	Unterhaltung	예쁘다	hübsch sein
어깨	Schulter	예순	sechzig *(korean.)*
어느	welcher	예약하다	reservieren
어두운	dunkel	예정	Vorhaben
어둡다	dunkel sein	오	fünf *(sinokorean.)*
어디	wo	오늘	heute
어떻게	wie	오다	kommen
어떻다	wie sein	오른쪽	rechts
어렵다	schwierig sein	오리고기	Entenfleisch
어머니	Mutter	오빠	älterer Bruder einer Frau
어서	rasch	오스트리아	Österreich
어시장	Fischmarkt	오월	Mai
언니	ältere Schwester einer Frau	오이	Gurke
언어	Sprache	오전	Vormittag
언제	wann	오토바이	Motorrad
언제나	immer	오후	Nachmittag
얼굴	Gesicht	온돌	Fußbodenheizung
얼마	wie viel	옷	Kleidung
없다	nicht da sein, nicht haben, es gibt nicht	옷가게	Bekleidungsgeschäft
엉덩이	Hintern	옷장	Kleiderschrank
에스컬레이터	Rolltreppe	와이셔츠	Hemd
엔지니어	Ingenieur	왕복	hin und zurück
엘리베이터	Aufzug	외곬	einziger Weg
여권	Pass	외래어	Fremdwörter
여기	hier	외모	Aussehen
여덟	acht *(korean.)*	외우다	auswendig lernen
여동생	jüngere Schwester	왼쪽	links
여든	achtzig *(korean.)*	요구르트	Joghurt
여름	Sommer	요리	Gericht
여보세요	Hallo! *(am Telefon)*	요리사	Koch
여섯	sechs *(korean.)*	요리하다	kochen
여자	Frau	요식업	Gastronomie
여행	Reise	욕실	Bad
여행하다	reisen	욕조	Badewanne
역	Station, Bahnhof	우비	Regenjacke
연구소	Institut	우아하다	elegant sein
연극	Theater	우유	Milch
연필	Bleistift	우체국	Postamt
열	zehn *(korean.)*, Fieber	우회로	Umleitung

운동	Sport	이혼	Scheidung
운동장	Sportplatz	이혼남	geschieden (m.)
운동화	Sportschuhe	이혼녀	geschieden (f.)
운전면허증	Führerschein	인도	Indien
운전사	Fahrer	인사동	Insadong (Bezirk)
운전하다	fahren	인삼	Ginseng
울다	weinen	일	eins (sinokorean.), Arbeit, Tag
웃다	lachen	일곱	sieben (korean.)
원	Won (korean. Währung)	일방통행로	Einbahnstraße
원룸	Einzimmerwohnung	일본	Japan
월요일	Montag	일본어	Japanisch
웨이터	Kellner, Kellnerin	일어나다	aufstehen
위	oben	일요일	Sonntag
위스키	Whisky	일월	Januar
유로	Euro	일흔	siebzig (korean.)
유부남	verheiratet (m.)	읽다	lesen
유부녀	verheiratet (f.)	잃다	verlieren
유월	Juni	입	Mund
유제품	Milchprodukt	입고 있다	tragen
유치원	Kindergarten	입구	Eingang
육	sechs (sinokorean.)	입술	Lippen
육상	Leichtathletik	입어보다	anprobieren
은행	Bank	있다	da sein, es gibt, haben
읊다	Gedichte rezitieren	잊어버리다	vergessen
음료수	Getränke		
음식	Essen	**ㅈ**	
음악	Musik	자다	schlafen
의류	Kleidungsstücke	자동차	Auto
의미하다	meinen	자리	Platz
의사	Arzt	자유	Freiheit
의자	Stuhl	자전거	Fahrrad
이	zwei (sinokorean.), Zahn	자주	oft
이메일	E-Mail	작가	Schriftsteller
이다	sein	작다	klein sein
이륙하다	abfliegen	작업실	Arbeitszimmer
이름	Name	잔	Tasse
이모	Tante mütterlicherseits	잘	gut
이불	Decke	잠깐	ein kleiner Moment
이사	Umzug	장	Scheibe (Zahlwort)
이사하다	umziehen	장난감	Spielzeug
이월	Februar	장례식	Beerdigung
이탈리아	Italien	장모	Schwiegermutter eines Mannes
이태리어	Italienisch	장인	Schwiegervater eines Mannes
이해하다	verstehen	재단사	Schneider

재미없다 uninteressant sein
재미없는 uninteressant
재미있다 interessant sein
재미있는 interessant
재킷 Jacke
저 ich
저기 dort
저녁 Abend
전 vor
전망 Ausblick
전시회 Ausstellung
전체요리 Vorspeise
전해주다 ausrichten
전혀 überhaupt (nicht)
전화 Telefon
전화번호 Telefonnummer
전화하다 anrufen
절 Tempel
젊다 jung sein
점심 Mittag
접시 Teller
젓가락 Stäbchen
젓갈 Fischsauce
정각 Punkt
정류장 Haltestelle
정육점 Metzgerei
정중한 höflich
정치인 Politiker
제 mein (저 +의)
제과점 Bäckerei
제빵사 Bäcker
제사 Ahnenverehrung
제주도 Jejudo (Insel)
조금 ein bisschen
조부모 Großeltern
조용한 ruhig
좁다 eng sein
종업원 Kellner, Kellnerin
좋다 gut sein
좋아하다 mögen
죄송하다 sich entschuldigen
주 Woche
주거지 Wohnort
주다 geben

주무시다 schlafen (Hon.)
주문하다 bestellen
주소 Adresse
주스 Saft
주일 Woche
주차장 Parkplatz
주택 Eigenheim
중국 China
중국어 Chinesisch
즐거운 fröhlich
즐겨 하다 gerne machen
증명서 Ausweis
증서 Dokument
지금 jetzt
지내다 verbringen
지도 Landkarte
지루한 langweilig
지름길 Schnellstraße
지하철 U-Bahn
직업 Beruf
직원 Arbeiter
직장 Arbeitsort
직진 geradeaus
질문 Frage
집 Haus
짜다 salzig sein
짧다 kurz sein
찍다 fotografieren
찜질방 Sauna (-raum)

ㅊ

차 Tee, Auto (ugs.)
차고 Garage
차다 stoßen
착륙하다 landen
찬장 Küchenschrank
참기름 Sesamöl
창문 Fenster
찾다 suchen, finden
책 Buch
책장 Bücherregel
처음 zum ersten Mal
천 tausend (sinokorean.)
천장 Deckel

천천히 langsam
체조 Gymnastik
초 Sekunde
초콜릿 Schokolade
추다 tanzen
축구 Fußball
출구 Ausgang
출발하다 abfahren
출생지 Geburtsort
출판사 Verlag
춤 Tanzen
춥다 kalt sein
취미 Hobby
층 Etage
치다 schlagen
치수 Größe
치약 Zahnpasta
치즈 Käse
친구 Freund
친절한 freundlich
친척 Verwandtschaft
칠 sieben (sinokorean.)
칠월 Juli
침대 Bett
침묵하다 schweigen
침실 Schlafzimmer
칫솔 Zahnbürste

ㅋ

카드 Karte
카메라 Kamera
카페 Café
칵테일 Cocktail
칼 Messer
칼로리 Kalorien
캐나다 Kanada
커튼 Vorhang
커피 Kaffee
컴퓨터 Computer
컵 Glas
케이크 Kuchen
코 Nase
코코아 Kakao
코트 Mantel

콘서트 Konzert
콜라 Cola
콧수염 Schnauzbart
콩 Bohnen
크다 groß sein
크림 Creme
키 Körpergröße
키위 Kiwi

ㅌ

타다 (Fahrzeug) nehmen
태권도 Taekwondo
택시 Taxi
터키 Türkei
터키어 Türkisch
턱수염 Bart
테니스 Tennis
텔레비전 Fernseher
토마토 Tomaten
통화하다 telefonieren
티셔츠 T-Shirts
티켓 Ticket

ㅍ

파 Lauchzwiebel
파란색 blau
파랗다 blau sein
파리 Paris
파티 Party
판매원 Verkäufer
팔 acht (sinokorean.), Arm
팔월 August
편도 Einfahrt
편지 Brief
포도 Trauben
포도주 Wein
포르투갈 Portugal
포르투갈어 Portugiesisch
포크 Gabel
포함된 inklusiv
폴란드 Polen
폴란드어 polnisch
표 Karte
풀다 (Krawatte) abbinden

프랑스 Frankreich
프랑스어 Französisch
피곤하다 müde sein
피부 Haut
피아노 Klavier
피우다 rauchen

ㅎ

하나 eins *(korean.)*
하다 machen, tun
하루 ein Tag
하얀색 weiß
학교 Schule
학력 Bildungsstand
학생 Schüler
학생식당 Mensa
학원 Akademie
학자 Wissenschaftler
한국 Korea
한국사람 Koreaner, -in
한국어 Koreanisch
할머니 Großmutter
할아버지 Großvater
핥다 lecken
함께 zusammen

항구 Hafen
항상 immer
핸드폰 Handy
행운 Glück
허수아비 Vogelscheuche
헝가리 Ungarn
헝가리어 Ungarisch
현대적인 modern
형 älterer Bruder eines Mannes
호주 Australien
호프 Bierhaus
홀아비 verwitwet *(m.)*
홍차 Schwarztee
화가 Maler
화상 Verbrennung
화요일 Dienstag
회사 Firma
회색 grau
횡단보도 Zebrastreifen
후 nach
후추 Pfeffer
휴가 Urlaub
희다 weiß sein
힌두어 Hindu